JN101539

シリーズ・人間教育の探究⑤
梶田 叡一／浅田 匡／古川 治 監修

教師の学習と成長

人間教育を実現する教育指導のために

浅田 匡
河村美穂
［編著］

ミネルヴァ書房

教師の学習と成長

——人間教育を実現する教育指導のために——

目　次

第II部　教師を育てる

プロローグ

教師の専門性を考える

河村美穂

かつてに比べ教師は何かと批判の対象とされることが多くなった。インターネットの普及により，以前に比べて日常生活も含めて多くのことが公にさらされるようになったということも関わっているだろう。教師はより正しく清い存在でなければならないと思う傾向は，とくに新任期の教師のストレスともなっている。

さて，実際に研修会で出会うさまざまな世代の教師たちは，概して教師としての自己肯定感が低いと思われる発言をする。皆一生懸命教職を務めようとしている。ただし，できたことよりもできないことを気にして，ダメな点を自分でクローズアップする。問題点の解決という研修会のあり方も問題なのかもしれないが，そこまで日本の教師はダメではないと私は思う。教師自身も周りの人も教職の専門性を十分理解していないということが，このように教師はダメなのだと喧伝される問題の根幹にあるのではないだろうか。

では，教師の専門性とは何だろうか。筆者の17年間の高校教師としてのつたない経験もあわせて考えるに，「目の前の子どもにあわせ必要とされる学習内容を適切な指導法を用いて指導できること」ではないかと思う。それが教科指導の場合，教科の学習内容をよく理解していることなのであるが，このことは，その領域の最先端の知識を知っているということではない。もちろん最新の知識も必要であるが，なによりもその学問をどのようにかみ砕けば子どもたちに理解してもらえるか，その世界の魅力を伝えられるかということに力を持っているということである。具体的には，その領域の学問の体系を理解しており，新しい情報を知りえたときに，その学問領域のどのあたりの内容なのか，どのような内容と関連があるのかをおおよそ理解できていること，もしくはわからないときにどのような書物や資料に当たれば理解できるようになるかを知っているということである。

さらにこのような専門的な知識のあり方とともに重視されるのは，自身が向き合っている子どもたちがどのような特徴を備えているのか，どのようなことが得意で，苦手なことは何かを知っていることである。どのような方法であれば意欲的に学ぶのか，その子どもたちに必要とされることは何かを見極める力といってもよいだろう。

このように目の前の子どもたちに最適な学習の方法や内容を考えるときに，先の専門的知識の体系が有効に機能する。なぜなら，全体を俯瞰してこそ，必要なものとなくてもよいものを見分けることができるからである。

以上のように考えると，教師の専門性は初任時には低いと言わざるを得ない。子ども理解も不十分であろうし，学習内容の把握も十分ではない。とくに注意が必要なのは，クラス全体を動かそうとするときに，個々の児童生徒が見えにくくなることである。一人一人の子どもをよく理解し関係を結ぶことができれば自然とクラス全体を把握できるようになる。言い換えれば，教師としての専門性を支えるものは，一人一人の児童生徒を理解する力と，個々の子どもに届くように授業内容を精選し組み立てることができる力である。

実際に教職に就いた卒業生と話をすると，多くは目の前の子どもの話が中心となる。それも一人一人の児童生徒の様子が目に浮かぶような話しぶりである。毎日会ってともに教え学ぶ子どもたちのことは頭から離れないのが教師なのである。そして，おそらく教師は公私の区別がつきにくい。生活を含めた人としての姿勢が教師をつくるということになる。これは立派なロールモデルになれということではない。自分の人としてのあり様も教師としての一部になることを自覚すべきであるということだ。つまり繕うことはできずありのままの自分を晒け出すことから始める。とすれば完璧である必要はない。ただ，教えるプロになるという自覚を持ち続け，学び続ける姿勢を失わないことが必要なのである。実際には，子どもたちに投げかけたことが自分に戻ってくるときにどのように受け止めるのか，失敗した場合には何をどのように自身で理解し，間違いを認めて先に進むことができるのかが重要になるだろう。

本書は，この教師の専門性を理論的実践的に追究し，専門性を備えた教師を育てるということを企図して２部構成とした。

「第Ｉ部　教え育むことを追究する」では，まずマクロな視点から教師の仕事を検討し，その教師の仕事を進めていく上で必要な資質能力を検討している。第１章「教師の仕事と教えること」では，あらためて教えるということを検討した上で，現在の社会状況下における教師の仕事について論じている。次に，教えることに関わる重要なこととして，ケアリング（第２章）と学級経営（第３章）について論じている。教えることにおいて，社会的情緒的な学習の重要性が指摘され，ケアリングは教えることにおいてもますます重要な概念になってきている。また，社会的構成主義に基づく学習観が展開され，「主体的対話的で深い学び」といわれるように学習集団としての学級経営も教師の専門性には重要な能力である。教科内容をうまく教えることにおいてもこれらの専門性はますます不可欠になると考えられる。最後に，教師自身の学習と教師の生涯発達について論じている。教師の専門性として「教えることを学ぶ」（Learn how to Teach）が主張され，教師は生涯学習者であり，研究者であるという教師像の転換が生じた。第４章では，教師の学びの鍵であるリフレクションを論じ，第５章では教師自身がこのような教え育む経験（リフレクション）を通してどのようなライフコースをたどるのかを詳述している。

「第Ⅱ部　教師を育てる」では，教員養成段階，現職教育における教師を育てるシステムについて論じている。教員養成段階においては，教育実習のあり方や大学と学校との連携や協働が欧米でも展開されているが，第６章では大学における教員養成の現状を論じてこれからの教員養成についての提案を行っている。現職教育に関しては，Lesson Study として世界に広がっている校内研修やメンタリングに詳述している。第７章では，校内研修が個々の教師の学習や学びにとどまらず，学校研究と両全することによって教師の専門性が獲得されていくことが論じられている。日本型校内研修の再検討である。第８章で論じられたメンタリングは，日本でもメンタリング制度を学校に導入する取り組みが出てきているが，十分にメンタリング概念が検討された取り組みとはいえない現状である。メンタリング概念を検討し，学校におけるメンタリングのあり方を検討している。最後に，第９章ではアクション・リサーチの理論の核心と方法論を具体例とともに論じている。欧米では教員養成プログラムにも組み込まれているアクション・リサーチは，「研究者としての教師」（Teacher as Research）である教師となるために，すなわち，自らの授業実践を変え，自己成長していくために，鍵となる考え方であり方法である。

本書を通して，専門性の高い教師になるためのヒントに出合い，自らの実践や経験を振り返り，教師としての学びの契機となれば幸いである。

第Ⅰ部　教え育むことを追究する

第 1 章

教師の仕事と教えること
──激動期の教職──

油布佐和子

1　日本における教師の仕事
──海外との比較──

(1)《仕事》の曖昧さ

教育を語る言葉は，明確に定義されず曖昧さを含んだ日常用語や，一部の者にしか通用しないジャーゴンであることが多い。教師の〈仕事〉という用語もそれに近く，厳密な定義をして用いられているわけではない（油布，2009）。英語では仕事は，occupation，vocation，work，job，role，profession などの単語で表現され，また，その周囲には labor，career のような用語の使用もある。本章で取り扱う教師の〈仕事〉を，ここでは role に近いものとして取り扱うことをまずは断っておこう。

さて，教師の仕事はどのように定められているのか。学校教育法では，「教諭は児童の教育をつかさどる」（学校教育法第37条第11項）と記載されている。同時に，学校教育法第37条第 4 項および，学校教育法施行規則第43条を根拠として，教師が校務分掌として学校運営の一部を担っている。ただし校務とは，学校運営のための諸活動であることから，その内容や範囲を明示し把握するのは困難である。その他学校教育法施行令や学校保健安全法においても教師に課せられた役割が示されているものの，それらを列挙したところで教師の仕事の境界と全体像を把握することはできないだろう。それというのも，教師の本務とは何かという議論が繰り返しなされてきたように（河上，1994），日本では

「指導」というマジックワードのもとにあらゆる活動が教師の仕事として取り入れられてきた（酒井，1998）からである。そして，「社会の変化がもたらした学校の機能肥大を，日本では教師の役割拡大でしのいで」（河上，1994，75頁）きたため，教師の業務は増加の一途をたどっている。OECD の国際教員指導環境調査（TALIS）に見るように，教師の週平均勤務時間が58.3時間という圧倒的な長時間に及ぶのは，このことに一因がある。

ところでこうした多様な業務を教師がどのように担っているのかについては，教師の活動をフィールドノーツに記録して分析したエスノグラフィー研究が明らかにしている（藤田他，1995)。教師の仕事を活動という側面から見ると，何よりも複線性・同時並行性に特徴がある。教師が授業を行う時間は一つの活動に専念できるまとまった時間であるが，それ以外の，朝，放課後，昼休み等には，教師は，複数領域の業務に，中断と続行を繰り返しながら取り組んでいる。たとえば，放課後。職員室で生徒の提出物を点検しているときに，同教科の先生と試験の範囲と進度について打ち合わせが入ったり，校外活動について業者から問い合わせの電話がかかったり，係り活動の生徒が指示を仰ぎに来たりといったように，教師は提出物の点検のみに専念できない。また，学校では児童生徒のけがや体調不良など，予定していない事柄が頻出し，家庭や地域社会からの要望もひっきりなしに寄せられる。「予期しなかった出来事」の処理のために，教師の活動はよりせわしないものになる。さらに活動の多くは，同僚教師との協働的な活動が基本にあり，会議や打ち合わせが頻繁に行われる。

中断と続行に特徴付けられる活動は，教師の役割が拡大し，仕事の境界が明確でないために，多様な業務を担い，それに関わる他者との共同を余儀なくされることに起因している。

（2）契約に基づいた教師の仕事

このような日本の教師の仕事の特徴は，アメリカのそれと比較したときにより鮮明になる。たとえばアメリカの教師の業務は teaching に限定されており，子どもの相談に乗ることすら通常は教師の仕事ではなく他の専門家が担当する

（佐久間，2017；酒井，1998)。

シカゴ市で働く教育関係者とシカゴ市の間での労働協約が明記された300頁を超える冊子がある。シカゴは，小学校から高校までが義務教育であり，そのために，小・中・高校のほとんどの教師が，単一の組合（シカゴ教員組合）に所属している。この労働協約には，小学校から高校まででで働く人々がシカゴ市と締結した契約についての詳細が示され，また，この契約について苦情があるとき，調停を必要とするときの方法や決まりについて記載されている。

ここでまず気づくのは，シカゴ市と契約した学校で勤務する人々のカテゴリーの多様さだ。そこでは，小・中・高校教師の他に，運転教育教員（driver education teacher)，体育教師（physical education teacher)，運動場教師（playground teacher)，キャリアおよび技術教育教師という項目が挙げられており，教師という呼称がついた役割を持つ人が小・中・高校教員以外にも，複数存在していることが分かる。また，フットボール，バスケットボールなどのスポーツコーチ，水泳チームコーチなどの教科外カリキュラム要員，司書，フルタイムで資格や免許を持つカウンセラー，スクールナース，学校心理士，スクールソーシャルワーカー，言語療法士，作業療法士，理学療法士等の臨床家も明示され，さらに，言語病理学者や，准看護師，保健師などパラプロフェッショナルと呼ばれる人々や学校関係者（PSRP：Paraprofessional and School Related Personnel）についても紙幅がさかれ，彼らの雇用条件や権利も示されている。

すなわち，シカゴでも，スポーツ活動や教科外活動が学校で行われているが，教師がそのすべてを担っているわけではなく，それぞれの担当が明確に決まっており，そして教師も含めて雇用されている人々すべてが，活動の範囲や勤務条件について，雇用側と契約を結んでいるのである。

以上のことからは，教師の仕事には，子どものあり様を包括的に捉え，それを担当する役割のほとんどを教師に委ねるという日本的なあり方と，子どもへの働きかけを機能的に分割して，それぞれに担当者を配置するというシカゴ的なあり方の二つの異なるタイプがあることが分かる。

2 「teaching＝教えること」についての海外との比較

（1）teachingに含まれる活動の違い

包括型と機能分化型のこのような相違は，教師の仕事の中心であるteachingにおいても見られる。

海外では教師の仕事は契約の中で，teachingに特化あるいは焦点化されるが，このteachingは授業を指している。これに関連して，イギリスでの興味深い事例がある。『基準の引き上げと作業負荷への対処について』と題されたイギリス国家と教員諸組合との全国協定（Association of Teachers and Lecturers et al., 2003）では，イングランドとウェールズで，教師が行政上・事務上の業務負担や不在の同僚のための代講等の業務を見直し，ワーク・ライフバランスを保ち，授業の計画・準備・評価に十分な時間（PPA Time）をとってteachingに打ち込めるような状況へと改善するための方策が記されている。そしてこの目的を果たすために，集金，欠席児童への連絡，出席者数の管理，生徒データの管理，手紙の作成，試験結果の処理，ICTのトラブルシューティング等々といった23項目が明示され，これらが基本的に教師の業務ではないことを示しているのである。この後イギリスでは，協約に沿って，学校のサポートスタッフの増員と改善が実施された。この事例に見るように，teachingというとき，それはまさに授業を行うことのみに特化されているのであり，そのための条件整備や事務処理がteachingへの対応を阻害するものであれば，それを極力排除しようとするのである。

翻って，日本においてteachingは，たんに教科を教えること以上の活動が含まれる。これは，〈学級〉で一斉に授業をするという制度設計に，さらにまた子どもに包括的に関わるあり方に大きく関連している。

子どもたちにとって一日の大半を過ごす〈教室〉は，勉強の場であると同時に生活の場であることから，子どもが教室に馴染み，そこで学習する環境を形成することが前提となり，教師は何よりも生活環境の調整を行わなければならない。教師の長時間労働の調査で学校訪問をした際，校長が新任教員に，「8時15分から職朝（職員朝会）が始まるからといって，その時間に来たのじゃ駄目だ。担任なら，職朝の始まる前に，まず教室に上がって，教室が勉学に適した環境になっているか，また，早く来た生徒は何をしているか，ちゃんと把握しないと教員とはいえないよ」（都内中学校訪問記録，2015年 8 月 2 日）と諭していたのは，まさにこうした例にあたる。また，環境調整というとき，それは教室の整理整頓や安全や，居住的快適さといった物質的側面にとどまらず，児童・生徒集団の規律や管理への配慮を含んでいるのはいうまでもない。さらに，子どもたちの間で起こるさまざまな人間関係的問題の調整・解決といった活動を通じて学級集団の文化を向学校的なものに創り上げる作業も含まれるほか，子どもを包括的に捉え〈指導する〉という文化に立って，子ども一人一人が発する小さなサインから，子どもの体調や心理的な問題を感知しそれに対応することが求められている。子どもがぼんやりして授業に身が入らない場合には，体調やその原因について，学校を離れた家庭生活をも考慮に入れながら子どもの状況に配慮しているのである。このように日本では teaching に先立ってこのような活動が必要とされ，生徒理解，生徒指導は teaching と切り離せない課題となる。

（2）〈teaching〉に見る教師の自律性

ところで teaching を考える上で，いま一つ重要な視点がある。

teaching＝授業の要素は，授業者，学習者，学習内容だといわれる。teaching は，学習内容について，膨大な知識の倉庫から何を選択し，どのように教えるかという構想から始まり，計画を立て，補助教材の準備や，teaching の方法について検討する。

このとき，教師が授業を構想するにあたって，日本では諸外国にはない特徴がある。それは『学習指導要領』が制定され，教育課程についての規準，すなわち，いつの段階で，何を教えるか，それは何時間かけて教えるかというようなことが明示されていることである。また，学習指導要領に基づいた教科書が作成され，検定を通ったものが市町村教育委員会等によって採用されて学校現場で用いられるが，このとき公正確保という観点から教員が教科書の採択に関わる機会を持つことは法令違反とされている。すなわち，このような仕組みは，教師が教えることの根本に関与しないということを意味している。

一方，日本と対極的な状況にあるのが，英米である。イギリスでは，1988年にナショナル・カリキュラムが制定されるまで，長い間，教育課程の課題は，地方教育局（LEA：Local Educational Authority）および学校に，そして実質的にそれは教師の裁量に任されていた。教師の自律性に高度に依拠していたこうした制度設計は，「秘密の花園」と呼ばれるように（大田，1995），教師に，多大なる裁量権が存在しており，これが教師の専門職性を論じる源泉ともなっていたのである。

さて近年，イギリスのみならず，諸外国でも学習のスタンダードを設定する国が増えている。そこで，たとえばイギリスのナショナル・カリキュラムを取り上げて，イギリスでも学習指導要領が制定されたと解釈されることもある。しかし，内容を見れば分かるように，このスタンダードは，学習指導要領ときわめて大きな違いがある。それは各年齢に応じた学力達成レベルのフレームやビジョンに基づいたコンピテンシーを提示しているにすぎず，学習指導要領のように，教科内容ごとの達成目標や教科時間数を示すことはない。示されたコンピテンシーを達成できるのであれば，それは，数学であっても国語であっても，またその合科授業であっても，それを何時間で学習しようが縛りがない。また，そのコンピテンシーは，何を実現するために必要なものなのか，その上位に位置付く子どもの成長に関わるビジョンが明示されている。

日本の教師は，仕事の中核となる teaching において，何のために，何を教え，どのような力を子どもたちにつけるのか，という最も重要な部分，すなわち教育ビジョンと政策について自己決定権がなく，一方，日常的な活動内容への国家的縛りがあるという点でも，諸外国と大きな違いが見られる。

3　社会に埋め込まれた〈教師の仕事と役割〉

（1）日本型循環モデル下の学校と教師

前述したように，日本の学校や教師のあり方は海外と異なる。日本では，学校における教育は，アカデミックな能力のみならず，態度や意欲，コミュニケーション能力など児童・生徒のあらゆる資質・能力の形成・向上を包含しており，またそれは教師と児童・生徒との情緒的な人間関係の中で育まれるように企図されている。

自分のことを分かってくれる大人＝教師がいる温かい雰囲気の中で，子どもたちは〈見守られている〉安心感の下，課題に取り組んだり，道徳的・社会的な成長を促されたりしてきた。この総合的・包括的な教育のあり方は，海外からは高い評価を与えられてきた（Lewis, 1995；恒吉，1999）。同時に，教師の役割が総合的で個人の業務の境界が明確ではなく，職場における同僚との協同的な活動を行うメンバーシップ型雇用では，能力や資格・学歴をむき出した競争環境の下にある海外のジョブ型雇用の状況と比較すれば，所属感や自己肯定感の源泉となり，それが活動につながっている可能性も高い。このように，日本の教育のあり方にはそれなりの利点も存在する。同時にこれが日本の教員の長時間労働や多忙に結び付いているのも事実である。

ところで，異なることそれ自体は問題とならない。各国の制度は，その社会の中に埋め込まれており，文化的・歴史的文脈が異なるからである。実際，学校現場における前述した慣行は，日本社会のあり様と無関係ではなく，日本的循環モデルと呼ばれる社会・文化構造の中に深く浸透しこれを支え強化してきた。

日本型循環モデルとは，1990年代頃までの企業と家庭・学校が一体化し日本経済の発展を支えた社会構造を指している（本田，2014）。終身雇用と年功序列に特徴付けられる日本的経営の下，企業に丸抱えされる雇用の中で，人々は労使協調によって企業目標の達成をめざしてきた。就職することは，ある企業組織の一員になることと同義であり，学歴や資格を基準として特定業務の担当として雇用される海外の〈就職〉とは意味が異なる。職場では配属された部署で，それぞれが他に配慮し，互いの〈まなざし〉を意識しながら業務に共に携わり（大野，2005），提示された企業目標の達成に取り組んでいた。そのため，おのずと公私の別ない働き方となった。学校での教育も，こうした社会状況と密接な関連を持っている。職業生活における重要な資質が，努力や忍耐，協調性などであることから，学校では多種の行事や特別活動で，集団への適応や周囲との協調を重視した態度や能力を涵養することがめざされた。Teaching において，教科指導のみならず生活指導がそこから分離できないのも，このような事情による。そして，より優良な企業への〈入社〉をめざして子どもたちは学歴競争の中に投げ込まれ，日本的経営を支える勤労者となっていったのである。また，こうした働き方は，主婦が家庭を支えることによって可能であり，家庭では，次世代の教育への期待から教育に対する関心が高められていた。

このような企業・学校・家庭が強い関連性の下に磐石な基盤を築いていたあり方が〈日本型循環モデル〉である。

教師の働き方も，こうした社会のあり方を反映したものに他ならない。業務に明確な境界がなく包括的に活動に携わること，同僚との協力関係が中心にあることといった教師の仕事は，他職と同様であるがゆえに，長い間なんら問題にもならなかったのである。さらに，国家のコントロールの下で教師の主体性や自律性が制限されていたとしても，それは，企業目的を内面化しその実現に邁進する企業人と同じだということもできる。日本では，主体的であることや自分で本質的な課題を考えることよりも，大きな集団の中に包摂される安心感のほうが重視されてきた歴史がある。日本の教師に特有の働き方や考え方は，こうした日本的風土の下で，それに相応しいやり方で育まれてきたといえよう。

（2）日本型循環モデルの変容

しかしながらこうした日本型循環モデルにほころびが出始めた。

それは「自己を完成した資本制システム」の出現に大きく関わっている。豊かな社会は，すでに消費の飽和状況を迎えているにもかかわらず，マスメディアが社会的欲望を掻き立てることにより際限のない消費拡大を惹起し，そのことによって需要の無限の創出を可能にした。いまや，企業・経済界は新たな市場開拓のために，また資源を求めて，国境を簡単に越え，熾烈な企業間競争の中でいかに生き抜くかを，喫緊の課題とする時代に突入したのである（本田，2005）。

このような新しい時代には，それに対応する子どもたちの育成が求められる。与えられた知識をどれだけ蓄積したのか，そのためにいかに努力したのかという知識観や，集団における協調的態度はすでに過去のものとなり，グローバル化する経済・産業構造の変化の下，産業界からの強い要請により，グローバル競争に勝ち抜く資質・能力が何よりも必要とされるようになる。従順さよりも，ビジネスチャンスを主体的に創造・発見する意欲・能力を持った〈人材〉が求められるようになったのである。これについては，新しい学習指導要領に見るとおりである。

職業社会においては，日本的経営を特徴付けていた終身雇用や年功序列が大きく変化した。1995年に日本経営者団体連盟（日経連）より提起された「新時代の『日本的経営』」では，労働者を〈長期蓄積能力活用型〉〈高度専門能力活用型〉〈雇用柔軟型〉の 3 グループに分けることが示され，このような状況の中で，有期雇用・非正規労働者は大きく増加している。また，業績評価による能力給への転換も始まり，メンバー型雇用からジョブ型雇用への移行がめざされている。

教師に関わる問題も，こうした動きと関連しており，2007年の義務教育費国庫負担制度の改訂の際に総額裁量制が取り入れられたことから，再雇用や任期付・非常勤といった雇用形態の多様化が進められ，また，ジョブ型雇用への変化を受けて，従来の横並びの鍋蓋型学校組織から，主幹・副校長職の位階新設による〈官僚制組織〉への改革が図られている。

日本の産業界・労働界の大きな変化とともに，学校や教師のあり方は大きな転換期に入ったのである。

4　改革の中の〈教師の仕事〉

(1) ジョブ型雇用への移行は可能か？

メンバーシップ型からジョブ型雇用への移行というこの趨勢は，中央教育審議会答申「チームとしての学校の在り方と今後の改善方策について」(平成27年12月21日）に顕著である。そこでは，教師という単一職種にそのほとんどの活動を任せていた学校の業務を，複数の外部専門家や地域社会の人々を招き入れることが提言された。また，教師を授業に専念させるために，たとえば部活動のアウトソーシングなどが進められている。

では急激に進められているこのような改革は，今後，海外で見られるジョブ型への移行を遂げ，教師の仕事を変えていくのであろうか。

結論を先に述べるならば，政策者の意図とは反対に，それは効力を持たないばかりか，さらに問題を深刻化する可能性が高い。これについてはすでに導入されて久しいスクールカウンセラーと学校・教師との関係から類推できる。

近年の専門職研究では，分業を基本とするジョブ型社会で専門職を特徴付けるのは専門職の境界をめぐる職業間の争いであることが指摘されている。しかしながら，日本ではスクールカウンセラーの導入時に，こうした専門職間の争いは顕在化しなかった。調査研究からは，スクールカウンセラーが不登校やいじめなどに見られる「こころの問題」への対処にはある程度寄与するものの，非行や反社会的行為については「専門外」とみなし，生徒指導全般に対応しているわけではないことが明らかにされた（文部省，1995)。また，不登校やいじめなどの問題も，それを指導する教師への助言・指導のほうに期待がかけられていることなどが示されている（堀尾，2012)。この知見は貴重である。なぜならば，学級における児童・生徒の生活全体が教育の対象で，最も大きな業務が生徒指導である（高橋，1997）という点が揺らいでいないからである。教師が生徒指導をこれまでどおり担っていくという前提に立つからこそ，スクールカウンセラーによる助言が期待されるのである。他職種の導入により専門的分業が生まれ，生徒指導が教師の業務から引き離されるわけではない。

しかも，スクールカウンセラーは非常勤として雇用されているため，スクールカウンセラーの来校日に合わせて会議を設定したり，対象となる児童・生徒の生活等をスクールカウンセラーにかわって記録したりする業務を担うなど，教師の仕事量の軽減にもつながっていない。それればかりか，それぞれの情報をすり合わせたり，対処についての全体を確認し合ったりするというような業務の〈増加〉すら報告されている。

〈チーム学校〉は，メンバー型からジョブ型への変換を意図しているのかもしれないが，教師の業務が明確化されないために，欧米的な機能分化した組織にはなりようがない。分業型社会の形を模倣してジョブ型政策の部分的な導入をはかったとしても，組織を構成する原理の違いを考慮していないためうまくいかないのである。

（2）経済産業省・内閣府が進める society 5.0 と危ういタスク化

メンバーシップ型からジョブ型への移行が模索される一方で，教師の仕事に，より根源的な影響を及ぼす施策が進められようとしている。

2018年から先行実施されている新しい学習指導要領では，その前文に，AI による今後の産業や社会生活の大きな変化が語られ，予測不能な社会にふさわしい新たな能力の獲得の必要性が示されていた。この将来予測は2018年現在，society 5.0 に向けた諸素案の中に具体的に示され，それへ向けて日本国民を動員する方策が強力に進められようとしている。

Society 5.0 とは，狩猟社会，農耕社会，工業社会，情報化社会の次の段階として想定されている社会であり，そこでは，AI とビッグデータといった先端技術の活用により，エネルギー問題や食糧需給，社会コストの抑制，社会的格差の解消といった経済発展と社会的課題の解消がともに実現すると考えられている。これはファンタジーではなく，アベノミクスがより発展的に遂行されるものとして，内閣府に置かれた「総合科学技術・イノベーション会議」によって構想されている施策である。注目すべきは，こうした報告を受け，

「Society 5.0 に向けた人材育成～社会が変わる，学びが変わる～」が示され，中教審でもすでにそれが紹介され，議論されている点である。要するに，政府にとってこれはすでに既定路線で，今後政権が大きく変わらない限り，こうした青写真の実現に向けた対応が始まることになると考えられる。

しかしながら，この society 5.0 の議論は，これまでの日本の教育の仕組み，さらには教師の仕事を大きく転換する内容を孕んでおり看過できるものではない。

そこでは，「公正に個別最適化された学びを実現」するために，「スタディログ」＝個人学習を蓄積するカルテを活用し，自分自身にあった学びが行われること，EdTech などを活用することが明示され，これまでの学級における一斉授業ではなく〈異年齢集団〉〈異学年集団〉での学びが推奨され，学ぶ空間は学校だけに限定しないと示されている。一見すると，教育界の人々に馴染みのある〈一人一人を大事にする〉教育が到来するかのように思える。が，それは教育関係者が描く理念とは大きく異なっている。

EdTech などを利用した〈能力に応じた〉学びは個別ベースであるため，課題遂行能力に応じて子どもをグルーピングすれば，それはおのずと異年齢集団や，異学年集団となるであろう。能力の格差や，多様な個性がぶつかる場として期待される異年齢集団とは，基本的に異なる。また，このとき，〈子どもの学び〉とは，AI とビッグデータの活用による社会コントロールが顕在化する society 5.0 という社会に有能な〈人材〉となる学び＝能力が前提とされている。そのために人工知能で置き換えられる部分を多用し，コストを抑え，効率的な〈人材〉養成を実現しようというのである。こうした議論や施策においては，教育とは何かという原理的な議論や，〈人格〉の完成，教育による〈陶冶〉などは何も語られていない。

ではそのような社会では，教師の仕事と〈教えること〉はどのように想定されているのであろうか。そこでは，小学校への専科教員の配置の他，中・高校では，複数校種などを担当できるような免許制度の改正を見直すというように，ごくわずかにしか触れられていない。しかしながら，少子化を理由とした近年の国立の教員養成大学・学部の統廃合政策と教員養成の縮小を考慮に入れたとき，society 5.0 では，教育界が期待するような〈専門職としての教師〉はすでに廃棄されたアイデアではないかと危惧される。

近年の労働政策の領域では，すでに「タスク型社会」が紹介されている（濱口，2018）。タスク型社会とは，スポット的に人を使えば物事が回ると考えられている考え方であり，こうした社会では，ごく一部のプロフェッショナルとその他のデジタル日雇い労働者が存在することになる。society 5.0 の社会が到来すると，教師はいずれに分類されるのであろうか。教育研究や教員養成に携わっている我々に，きわめて重大で困難な問いが立ちはだかっているのである。

5　教師の仕事と教えることへの展望

（1）teaching の主人公となる

これまで多くの教師は「子どもが好き」「歴史が好き」「実験が好き」というような理由を教職志望動機としてきた。いわば，教育の使命というよりは自分の嗜好を優先してきた。しかも日本では，教師の仕事における肝心の teaching において，何をいつ，どのように教えるかについては所与のものとされてきたためか，不思議なことに，教科を教えることで，子どもにどのような力をつけようとしているのか，何を教えるか，なぜそれを教えなければならないかという〈教えること〉の基礎にある部分を問うことなく，教師の仕事が成り立っていた。教師の仕事の中心が teaching であることはまごうことのない事実であるが，これまでのように専門教科の知識蓄積を teaching の核だという観念から抜け出せず，教科ごとに示された学習指導要領の枠そのものを相対化することができないならば，いつまでも teaching の主人公とはなれない。

さらに今後，科学技術の発達による AI 化が進めば，EdTech，e-learning などの教育界への導入とともに，teaching は確実に変わっていくだろう。しかも学習が個別化すれば，今の学校や教師のあり様が継続して必要とされるかどうかも不明である。すでに大手予備校に見られるように，少数のスター教師が e-learning を行えば，何人もの教師を雇用する必要はなく教師を雇用するコストは削減される。メンターのような役割が必要だとしても，それを教師と呼べるかどうかは疑問である。こうした社会の到来に，教師や教育関係者が手をこまねいていれば，これまでの教師が，産業界が求めるような〈タスク〉人材として位置付けされかねないのである。

自分で考え，未知のものを開拓していく力が子どもたちに必要とされている時代には，教師自身が教育の理念・目的に沿って，どのように各教科や合科の授業をつくっていくか，その力が求められている。この意味で，教師は teaching の主人公となることが，初めて求められているといえるかもしれない。

（2）何のための教育か

ところで，e-learning や EdTech を用いた〈個別に最適化された〉学習を提案し，こうしたツールを用いて低コストで効率的な学習を推奨する立場には，明示されている前提がある。そこでは，教育は経済的な繁栄のために必要とされている。新学習指導要領の前文では，グローバリゼーションの中で，これからも日本が一目置かれるために新しい学力が必要だと述べられており，〈Japan as No. 1〉といわれたような従来型の繁栄を維持し，市場と消費に特徴付けられる「完成した資本システム」においてヘゲモニーを握ることが前提とされている。目的とされるのは，「利益のための教育」であり，だからこそ〈人格の形成〉〈陶冶〉ではなく〈人材の養成〉というような経済の言葉で語り，人々を経済的人材として育成していこうとするのである。

しかしながら，「完成された資本システム」は，資源や市場をめぐる地域間の紛争や戦争，そのことに起因する社会格差の拡大，貧困や難民，さらには，環境破壊・地球資源の枯渇などを招き，ひいては地球そのものの存在を危うくする。したがってこのとき，地球資源の枯渇や環境の破壊，階層格差の拡大などの解決を，繁栄よりも重視すべき課題だという，正反対の価値観もある。この立場に立てば，経済発展のための〈人材〉育成には簡単に賛同はできない。

M.ヌスバウム（2013）は，「利益のための教育」に対抗して，「デモクラシーのための教育」を提唱する。グローバリゼーションの進展の中で，経済格差は広がり，相対的貧困の問題がクローズアップされ，多くの人々が将来にわたって安定した生活を営めるのかという不安の内にある。こうした問題を解決するのが教育の目的である，というのである。「デモクラシーのための教育」は，一人哲学者が述べるだけではなく，現実に難民を受け入れ，民族・経済格差の問題が集中するEUにおいても主張されており，そこでは「社会的公正」のための教育が，教育の理念として掲げられる。

認知科学の専門家である佐伯胖はすでに40年も前に「何のために教えるのか。それはわたしたちが，子どもたちを『より人間的に』したいからであり，世の中を『より人間的に』していく人々の営みや文化の創造に，彼らも参加していけるようにしたいからであろう」（佐伯，1975，167頁）と述べている。民主主義的な目的のために，民力を高めるために人々は学ぶのである。学ぶことがなぜ必要なのか，自分と自分の住む社会に起こっているさまざまな出来事を分析し，考察し，判断できる，知的能力の高い市民を形成することではないだろうか。

「デモクラシーのための教育」をめざす側からは，学校教育に人格形成や陶冶といった役割をも担わせ，多様性と共存の実現をめざすために，個別化された学習環境ではなく，属性や個性の多様な子どもたちが共に学べる空間を確保することの重要性が改めて指摘されよう。

このような教育の目的を，誰よりも教育関係者は真剣に考える必要がある。

（3）教師の役割と仕事

デモクラシーのための教育の空間・場が学校であると位置付けたとき，次には，そこで役割を担う人々をどのように編成するのかという問題が残る。またここで，二つのモデルが存在していたことを思い出したい。

一つは，アメリカの例で見たような，機能分化型への変化を志向することである。このとき教師は目的を遂行する一員として，責任の範囲を限定し，

teachingにのみ専念する。いま一つは，児童・生徒とのつながりを重視しながらteachingを行う包括的役割を担う日本型のタイプである。

前者の場合，AIが重要な役割を占める時代には，早晩，teachingについて教師とAIとの役割をめぐる争いが顕在化するに違いない。また日本ではそもそも，組織の構成原理の変更が抜本的な話になるため，その過程で多くの混乱を生みだし，機能分化型への移行がスムーズに行われるかどうかの疑問がある。

後者については，教師が無自覚であれば，現在のように役割は拡大し，教師自身の首を絞め身動きがとれない状況が生まれる可能性が高い。そのため，そこではまず，teachingにおいて，子どもが主体的にさまざまな選択をしていけるような能力を身に付けることをめざさねばならず，教師自らが，目の前の子どもの状況に適した教材教具を考えたカリキュラムを実践することが必要となる。さらにまた，教育の目的を常に意識し，役割の無限の拡大を引き起こさない自戒が必要となる。たとえば情緒的なケアは，いつまでも児童・生徒を〈子ども扱い〉することにつながり，彼らを大人にしていくことを阻む可能性もある。丁寧で細心であることが，いつも最良であるとは限らないことにも気づかねばならない。そのために，業務の分化はめざすべき理念を踏まえ，検討されるべきである。

また基本的には，包括的な教育は，現在のような学級規模ではうまくいかない。ケアに関わる活動も含めて丁寧に実行しようとしたとき，適正な対象者が何人であるか，teachingは週に何時間くらいが適切であるのか，改めて示す必要があるし，また，その上に，現在の教員定数に関わる標準法の見直しや，そのための財源の確保，国家・地方予算の支出やその配分に関わるモニターや世論の形成も必要となるだろう。そしてまた，こうした勤務条件が，自動的に整うと思うのは大間違いである。

いずれにせよ，政府・国家から示された大枠の中で，理念や目的を特段意識することもなく，目の前の児童・生徒との交流を楽しんでいたこれまでの教師には，厳しい改革となることは間違いない。そうした転換点にいることをまずは自覚することから始めなければならないだろう。

さて，最後に一つ，重要なことを指摘しておきたい。

それは，教育に携わる人の多くがマクロな社会科学の知識・認識に欠けている点である。これは，教育政策立案において，教育関係者の意見が反映されない一因ともなっているばかりか，自分で自分の首を絞めるような状況に置かれていることすら自覚できていない現状をもたらしている。

戦後日本循環モデルが大きく変容する時代においては，自分の勤務環境・労働条件を整えるのは，他でもない当事者である。このことを教師はもっと自覚する必要がある。黙っていても何とかなる，誰かがしてくれる，というような自律性の欠如は，自分の首を絞める以外の何物でもないからである。そしてまた，こうしたことを考えるにあたって，日本においては重大な問題があることにも気づかねばならない。

それは組合の存在をどのように考えるかである。諸外国の教員たちはほとんどが教職員組合に所属しており，そこで，勤務環境や，教育政策について，教員側の意見を述べ，雇用側と交渉していた。このことから考えると，日本のそれはグローバル水準から恐ろしく逸脱している。日本では，教職員組合の組織率は低下しすでに最大の教職員組合である日教組も組織率は30%を割っているが，教師の声を届ける団体をどのように再生するのか，あるいは新しく創出するのか，大きな課題がある。

さらに学びたい人のための図書

油布佐和子編（2015）『現代日本の教師――仕事と役割』放送大学教育振興会。

▶教師＝授業をする人という理解がほとんどであるが，教師の役割は多面的であり，また，自分の期待・理念だけでなく制度的，組織的に課せられた役割もある。教職が置かれた現状を俯瞰するのに役立つ。

佐藤学他編（2016）『学びの専門家としての教師』（岩波講座 教育 変革への展望 第 4 巻）岩波書店。

▶新自由主義的教育改革が進む現代，教職に対する信頼と尊敬は失われつつあり，教師は多忙の中での自ら専門家像の革新が求められている。教員政策の問題点と教師像の模索について，10本の論文が収められている。

佐藤学（2015）『専門家として教師を育てる――教師教育改革のグランドデザイン』岩波書店。

▶教師が「専門家」であるとは，具体的に何を指すのか？　教員養成にかかわる問題を海外との比較を通して論じ，大学院教育の意義を説く。現在の専門職大学院が，著者の期待に応えているのか，考えさせられる点が多い。

国立教育政策研究所編（2019）『教員環境の国際比較――OECD 国際教員指導環境調査（TALIS）2018報告書：学び続ける教員と校長』ぎょうせい。

▶2013年調査と比較するのも興味深いでしょう。

引用・参考文献

大田直子（1995）「『秘密の花園』の終焉(1)――イギリスにおける教師の教育の自由について」『人文学報』第259号，東京都立大学，109-131。

大野正和（2005）『まなざしに管理される職場』青弓社。

河上婦志子（1994）「教員の役割と適格性」松本良夫・河上婦志子編『逆風のなかの教師たち』東洋館出版社。

佐伯胖（1975）『「学び」の構造』東洋館出版社。

酒井朗（1998）「多忙問題をめぐる教師文化の今日的様相」志水宏吉編『教育のエスノグラフィー』嵯峨野書院。

佐久間亜紀（2015）「小学校教師の仕事――日米の比較から」油布佐和子編『現代日本の教師――仕事と役割』放送大学教育振興会。

高橋克己（1997）「学級は‘生活共同体’である」今津孝次郎・樋田大二郎編『教育言説をどう読むか』新曜社。

中央教育審議会（2015）「チームとしての学校の在り方と今後の改善方策について（答申）」（中教審第185号）（平成27年12月21日）。

恒吉僚子（1999）『「教育崩壊」再生へのプログラム――日米学校モデルの限界と可能性』東京書籍。

ヌスバウム，マーサ・C.／小沢自然・小野正嗣訳（2013）『経済成長がすべてか？――デモクラシーが人文学を必要とする理由』岩波書店。

内閣官房日本経済再生総合事務局「未来投資戦略2017――Society 5.0 の実現に向けた改革」（2017年 6 月）［https://www.kantei.go.jp/jp/singi/keizaisaisei/pdf/sankou_society5.pdf］。

内閣府「Society 5.0」[https://www8.cao.go.jp/cstp/society5_0/index.html]（2020年 2 月23日確認）。

濱口桂一郎（2018）「労働政策で考える『働く』のこれから　メンバーシップ型・ジョブ型の『次』の模索が始まっている」（リクルートワークス web 連載，2018年 3 月 6 日）[https://www.works-i.com/column/policy/detail017.html]。

藤田英典（2014）『安倍「教育改革」はなぜ問題か』岩波書店。

藤田英典・油布佐和子・酒井朗・秋葉昌樹（1995）「教師の仕事と教師文化に関するエスノグラフィ的研究――その研究組織と若干の実証的考察」『東京大学大学院教育学研究科紀要』第35巻，29-66。

堀尾良弘（2012）「学校におけるスクールカウンセラーの活用とその展望」『人間発達研究』第 3 号，53-69。

本田由紀（2005）『多元化する能力と日本社会――ハイパーメリトクラシー化の中で』NTT 出版。

本田由紀（2014）『もじれる社会――戦後日本型循環型モデルを超えて』筑摩書房。

間庭充幸（1990）『日本的集団の社会学』河出書房新社。

油布佐和子編著（2009）『教師という仕事』（リーディングス日本の教育と社会15）日本図書センター。

Society 5.0 に向けた人材育成に係る大臣懇談会，新たな時代を豊かに生きる力の育成に関する省内タスクフォース「Society 5.0 に向けた人材育成――社会が変わる，学びが変わる」（平成30年 6 月 5 日）[https://www.mext.go.jp/component/a_menu/other/detail/__icsFiles/afieldfile/2018/06/06/1405844_002.pdf]。

Association of Teachers and Lecturers et al. (2003) "Raising standards and tackling workload: a national agreement――TIME FOR STANDARDS" 2003, January 15. [https://dera.ioe.ac.uk/540/1/081210thenationalagreementen.pdf]（2019年11月28日確認）。

Lewis, C. C. (1995) *Educating Hearts and Minds: Reflections on Japanese Preschool and Elementary Education*, Cambridge University Press.

＊本章のシカゴに関する資料等は科研費の補助を受けた。科学研究費基盤研究(B)課題番号15H03490「グローバリゼーション下の教師――生活と意識・専門職性の変容」（研究代表者　油布佐和子）（2015-2017）。

第2章

ケアリングと教えること

前川幸子

1　今，なぜ，ケアリングなのか

（1）ケアリングが押し出されてきた背景

人々は，古代より他者を労り，気遣いながら生活をしてきた。私たちは，生まれた時には誰もが脆弱な存在であり，誰かの世話を受けることで，生きること，生きていくことができる。その世話をする人は，自らが世話をされた経験を通して，一人では生きる術を持たない子に関わっていく。世話をする人は子と向き合うことを通して，子が何かができるようになるまで待つこと，耐えること，また共に喜ぶことを知る。そして世話をする側と思っていた自分が，子の世話を通して生きることの素晴らしさが実感できること，すなわち他の人々をケアし役立つことによって，その人は自身の，生の意味を，生きることを知るのである。このように，幼児をはじめ病む人や老いた人を世話することが，自然に為されていたのである。

その後，急速な科学技術の進展により，社会構造は複雑化，多様化し，生活の利便性が高まった効率的な日常が到来する一方で，他者との関係を構築していく仕方は大きく変容した。他者と関わっていく実感が希薄になったことで，人間関係の危うさを招き，他者との信頼関係の形成が不得手となっていく。また他者への信頼の脆さは，自分を信じる力の弱さとして差し戻され，自己を見失いかねない事態を招くことになる。このような社会の中で，教育現場においてもその影響が及んでいることは確かであろう。そこで今，改めて，人と人が関わることを原点とする「ケアリング」が押し出されてきたのである。

（2）学校という場に閉ざされた人たち

学校という場に身を置く教師たちは，日常化した過剰な仕事量に追われ，職場環境のストレスに晒（さら）されている。このような状況で心身の変調を感じている教師は，周囲との関わりを最小にし，感受性を鈍麻させることで自身を護ろうとするだろう。そして，教師が周囲との交流を閉ざし始めた時，教師の児童生徒に対する関心さえも減退してしまうかもしれない。児童生徒が今何を感じ，何に心を動かしているのか，何に困っているのか，そして児童生徒の安全は保たれているのか，という児童生徒の日常性への接近が困難になってしまう。それは，学校という場が児童生徒にとっての成長を促す場になり得るのかという問いへと変換されていくことを意味する。

翻り，児童生徒にとって生きられる場所である学校は，多少なりとも生きにくさや何らかの困難を抱えざるを得ない事態であるに違いない。教師は，その課題にいかに向き合うのか，もとよりその課題とはいったい何であるのか。その問いに近づくには，何を基軸にしなければならないのかを知る必要がある。

（3）応答という責任

人との関わり方が変容してきた現在，その人が生きられる世界は，より複雑化した。しかし，幾多のつながりや関わりがあったとしても，その基底には相互の信頼関係という鉱脈が流れているように思う。他者からの信頼を得ながら，その人を信頼するという相互交流は，私が私であることの安堵感をもたらしてくれる。自分の居場所を，他者との関係の中に見出すことができるようになるのである。

信頼関係において「私」は，相手に対する責任をあわせ持つ。責任――responsibility とは，ラテン語の“respondere”を語源としており，「応答する」という意味がある。その語源に照らしあわせれば，“responsibility”は response＋ability という，「相手に応答する力」ということになる。つまり，呼応し合う関係において，その人からの呼びかけを受け止め，応えていくという持続的な循環のもとに，応答的責任を基盤にした信頼関係が成り立つといえるだろう。また，時に裏切られることもあり，その辛さは相手への信頼が深いほど大きい。そのため，以後は他者との関わりを避けることで自身を護ろうとすることもある。しかしこのような状況においても，再び人と関わることへと差し向けてくれるのは，他者の存在に他ならない。なぜならば，「私」は私の中ではなく，他者との関係の中で立ち現れてくるからである。「もう立ち直れないかもしれない」と思うような状況にあっても，他者からの繰り返しの呼びかけに立ち止まり，その声に耳を傾け，他者からの要請に引き留められて他者へと向き合おうとする。それは，応答しようとする力であり，再び他者と関わりを持つための源泉となっていく。このように応答する力，言い換えれば他者へと向かう責任は，個人特有の力ではなく，その手前の他者からの呼びかけがなければ，応えることができない。

再び教師と児童生徒の実情に立ち戻ってみると，心身を閉ざし始めた教師には，児童生徒からの，幾様にわたる呼びかけ，声にならない声，あるいは身体から示されるサインは届かないかもしれない。児童生徒がどれほどのメッセージを送っていても，それを受け取る意思，力が減弱してしまった教師には，児童生徒を眺めてはいても見ることができず，受け止めることはできないのである。他方，このような状況にある児童生徒はどうだろう。他者に受け止められた経験が少ない場合，教師を含めた人との関わりを避けたり，怯えたり，あるいは表面的に無味乾燥な関係を装うようになったりするかもしれない。それは理解者を求めることの中断を意味する。言い換えれば，他者との関係の中で自らを知る契機を逸することになり，自身の可能性の芽を摘んでしまうことにもなりかねない。

もとより学校は，学業の修得だけをめざしているわけではなく，児童生徒の豊かな人間性を育むことにもある。しかしその中心が，即時的に数値化される評価可能な学力に置かれることで，長期的観点で育む数値化できない人間性を育む難しさが見て取れる。とくに後者の育成には，学校における人と人との関わり合いが基盤となる。では，多少の差こそあれ学校という現実に心を閉ざしてしまう児童生徒たちを前に，教師はどこに糸口を見出せばよいのだろうか。

教育は，教師と児童生徒との相互関係を前提としている。この関係が教育の根幹を培い，その営みを左右するといえる。児童生徒の可能性を導く関わりが，学校という場でなされる時，その基本は他者を慮り，気遣うことで配慮ができるケアする者同士の関係の構築にあるように思う。私たちは，誰もが他者から理解され，受け入れられ，尊敬され，承認されることが必要である（Noddings, 1992）という意味で，ケアされることを必要としている。それは，教師が一方的に児童生徒にケアするということではない。児童生徒が応答という責任において教師に応えていく関わりは，相互性という関係にほかならない。

「ケアすることとケアされることは根本的な人間のニーズ」であり，誰もが他の人からケアされる必要がある（Noddings, 1992）。にもかかわらず，誰もがケアすることを学んでいるわけではない中で，教師は，そして児童生徒は，どのようにケアすること，ケアされることを学ぶのであろうか。次節では，教育的関係の基底をケアリングに置くことで，目の前の児童生徒にいかに向き合えばよいのかを考えるために，看護学実習における看護学生の事例をその端緒としたい。

2　看護にみるケアリングの成り立ち

（1）ケアリングの端緒

私たちは，人との信頼関係を培っていく力をどのように身に付けていくのだろうか。人間関係の構築には，マニュアルがあるわけではなく，ステップを昇るがごとく進んでいけば関係ができあがるわけでもない。公式を持たない関係性の構築は，これまで生きてきた関わりの経験が原点になっていく。

たとえば幼児の頃，笑顔を差し向けられ，その笑顔に引き寄せられるように自分も笑みを返すと，さらに喜びの表情を返されること。こうした言葉以前にある人々との交流が，関わる感覚の源泉といえるだろう。この世に生を受け，身近な人々に世話を受けることで得られた安寧や充足感は，翻り人を世話するという応答的な行為へと転換されていくのかもしれない。それは，たとえば誰かが困っている時に自然に手を差し伸べることができたり，気遣う振る舞いができたりする。これらは，他者から関わられた感覚的な経験をもとに私が他者に関わるという，自己と他者との循環的な行為となって現れるように思う。言い換えれば，ケアしケアされるという，連続的な応答的関係といえるだろう。

「ケア（care）」とは，「配慮／顧慮」や「気遣い」を意味し，「ケアリング（caring）」とは，その人に合った気づかい，思いやりを持った配慮として行為化していく諸活動を示している。そのため，「今，ここ」におけるケアリングの実践は，他者との相互的な関係において成り立つということになる。さらにケアリングは，今後出会うであろう不特定の他者に対するケアリングの実践へと開かれていくことから，未来志向的な意味を有している。このように私たちは，身近な人々との生活の場における関係のみならず，学校や社会といったさまざまな場面で他者との関わりが求められるようになり，その過程において他者との関係を培っていく力を身に付けていくといえるだろう。

我々にはケアにたずさわる人が常に存在し，ケアリングを継続してきたがゆえに，人は生き延びてきた（Roach, 1992）といわれる。ではケアリングは，現代において，どのように息づいているのだろうか。ここでは，ケアやケアリングと親近性のある領域といわれる看護についてみていくことにしたい。

看護では，ケアやケアリングという言葉を，たとえば「○○さんのケア，終わりましたか？」というように，看護と同等に捉えることが多い。身体的な援助が患者と看護師の相互作用を促進し，心身の安寧が得られることがある。また，患者に対する看護師の尊厳，配慮，気遣いといった倫理的な価値観が援助に示されることで患者に伝わり，それが患者にとっての癒しや内省といった促しの意味合いを持つことが挙げられる。以上から看護におけるケアリングは，看護をする人と看護をされる人との〈あいだ〉に生成される関係性に拠っているのである。そのため看護では，患者と看護師の相互関係を重視するわけだが，その関係の中に現出するケアリングとはどのような事態であり，ケアする人はそのケアリングをどのように経験するのだろうか。次項では，看護学生の経験をもとに，ケアリングの経験の内実に接近していくことにする。

（2）看護におけるケアリングの経験

①患者との出会い

看護学生の鈴川さん（仮称：看護学科２年生，20歳，女性）は，初めて患者に看護を行う２週間の看護学実習で，Ａさん（70歳代，男性）を受け持った。Ａさんは，背骨が弓なりに曲がっており，側弯症のために，真っ直ぐに姿勢を保つことができない。そのため，たえず腰に負担がかかっていた。Ａさんの今回の入院は，腰痛が悪化したことと，また右踵部（かかと）に難治性潰瘍があり，その感染を治療することを目的にしていた。

（注）「　」内は看護学生，鈴川さんの言葉を示す。

鈴川さんは，少し控えめな印象がある学生で，促されると自分なりの意見を述べることができるがグループワークなどで積極的に発言をすることは少なかった。実習前の鈴川さんの心配は，受け持ち患者の「Ａさんと，ちゃんと話ができるだろうか」ということだった。しかし，実習初日にその心配は払拭された。鈴川さんが病室を訪れた時，Ａさんが満面の「笑顔で迎えてくれた」からである。さらに，鈴川さんが自己紹介をした時から，Ａさんは「すぐに（名前で）呼んでくれたんです」と嬉しそうに話した。人と話すことを得意としない鈴川さんの心配の核は，Ａさんと話すことができるのかではなく，自分がＡさんに受け入れてもらえるのか，ということにあったことが伝わってきた。

実習が始まって２日目，鈴川さんは徐々にＡさんの苦痛が分かってくるようになった。Ａさんは，側弯症で「背中を真っ直ぐにできない」ことから，「横を向いてしか休めない」。休む向きを右から左へと変える時には「腰に痛みが走る」ため，「安楽な状況ではない」ことが分かったのだった。椅子に座っても「腰に負担がかかって」しまい，腰痛が生じる。その緩和のためにコルセットをしているが，Ａさんは「常に痛みがある」と話されており，痛みから解放されることがないことがうかがえた。

さらにＡさんには，右踵部の難治性潰瘍の感染の治療のために，毎日創部（潰瘍部分）の洗浄が行われていた。その洗浄は痛みを伴うため，Ａさんは痛み止めを服用しながら行われていた。鈴川さんがその処置に立ち会って目にしたのは，「痛い……」と低く唸りながら表情を歪めているＡさんの姿であった。普段のＡさんは，腰の痛みを抱えながらも常に笑顔で過ごそうとしている。そのＡさんが我慢できないほどの治療であること，その辛さは鈴川さんにも伝わり，自身の身体を固くしながらも，「Ａさんの手を摩（さす）ることしかできなかった」のだった。

このように痛みを抱え治療を行っているＡさんは，「自分のことだけでも大変」であるのに，「周囲の人を思いやり，私に対しても笑顔で接している」。それは他の患者や家族に対しても気遣っていることで見て取れた。鈴川さんは，同じ実習グループの学友たちと実習の振り返りを行っている時に，「Ａさんは常に痛みがあって辛いのに，周囲の人を思いやって。笑顔で接していて，すごい人」であることを語った。その時，実習担当のＷ先生は，「Ａさんは，なぜ痛みがあって自分が大変なのに，周囲の人に優しく笑顔で接することができるのだろうか」という問いを投げかけた。確かに鈴川さんの中にその問いがなかったわけではなかったが，それをＡさんに尋ねることは失礼ではないのか，というためらいがあった。しかし鈴川さんは，Ｗ先生のその問いに背中を押される形でこれまで抱いていた自分の気持ちを，Ａさんに伝えてみようと思ったのだった。

鈴川さんは，Ａさんのベッドサイドに座り，「大変な治療をなさっていて，苦しい思いの中でも周囲の人に配慮できること」，そしてそれは，「自分であればそのようなことは到底できないこと」であり，Ａさんに対して尊敬する思いであることなど率直に伝えた。するとＡさんは「どのような状況でも，笑って過ごすこと」の意味について教えてくれた。Ａさんは常に痛みがあることは事実だが，自分が大変そうな表情をしていたら，相手も苦しくなってしまうだろう。しかし，苦痛を抱えていても「笑顔で接する」ことによって，相手も笑顔を返してくれる。「どのような状況でも，周囲を配慮することができるという自分の在り方を大事にしたい」し，そのような他者との交流が，「自分にとっての幸せだから」とＡさんは話してくれた。鈴川さんは驚きをもってその言葉を受け取った。自分に置き換えて考えれば，「痛い時には不機嫌になる」し，「どうして自分だけが」という思いに駆られて偏狭な気持ちになってしまうだろう。しかし，Ａさんは違った。自分のことだけではなく，周囲の人々との関わりの中で，他者も含めた幸福を日常の中に位置付けることに価値を見出しているのだった。鈴川さんは，Ａさんが伝えてくれていることを「十分に理解できていないかもしれない」が，Ａさんらしく日常を営めるように，「その生き方を大切にしたい」と思った。そこで鈴川さんは，「Ａさんの苦痛を，何とか少しでも軽減するにはどうしたら良いのか」，「安らげる時間を少しでも多くするにはどうしたら良いのか」と思案し始めた。鈴川さんがそのように看護をすることは，自分らしく在るために努力しているＡさんを尊重することにつながっていく。鈴川さんは，Ａさんらしく在りたいという思いに応えるための看護に取り組もうとしていたのだった。

②身体に関わり心を癒す

２週間の実習の折り返し地点となった頃，鈴川さんはＡさんが少しでも苦痛から解放されることを願いながらも，その手立てを思いつくことができずにいた。創部の洗浄は痛みを伴うが必要な治療であり，その苦痛の緩和には薬が処方されていた。しかし，薬を服用しても痛みは残った。腰部の痛みにより，起きている時はコルセットをしていないと上半身を支えることができず，時間がたてば痛みが生じる。では痛みを避けて，ベッドで臥床したままが良いかといえば，それではＡさんの日常生活が成り立たなくなる。その日常生活は，踵に潰瘍があるので，踵への圧迫や負担がかからないように移動は車いすを用いており，身体の清潔などは，看護者の援助を受けて整えていた。鈴川さんは，このようなＡさんの状況について，「Ａさんは周囲を気にかける人なので，今の自分の状況に気が引ける思いをしているのではないか」，だから看護者にも「申し訳ない」と幾度も言うのではないか，それでは看護を受けていても「安寧が得られていないのではないか」と気になっていた。

そこで鈴川さんは，「Ａさんが少しでも安楽になる」ような看護についてW先生に相談をし，「マッサージを行う」ことにした。Ａさんは「脊椎が湾曲しているために，横になっている時，起き上がった時，立った時の筋肉の使い方，左右のバランスの取り方が異なる」。さらに「脊柱（背骨）の変形，そして腰痛時のコルセットの着用は，身体を自由に動かすことができず筋肉に負担がかかっているかもしれない」。それらの痛みの持続は，「筋の緊張度を増して，さらに痛みを悪化させるかもしれない」。鈴川さんはW先生の説明を聞きながら，学内で学んだ「筋の緊張を和らげるためのマッサージ」が行えるように準備を整えることにしたのである。

翌日，鈴川さんは，W先生とともに，Ａさんのベッドサイドに行き，マッサージについての説明を行うと，Ａさんは，「是非お願いします」と笑顔で応えてくれた。鈴川さんはW先生とともに，Ａさんの身体が安定するようにポジションを整え，腰背部に温かいタオルを置き，身体の緊張を解くように擦っていった。そしてW先生は，「痛みはありませんか？」「押す力はどうですか？」と疼痛が生じないようにその加減をＡさんに確認しながら触れていく。そして鈴川さんは，W先生の手さばきや身体の使い方を見ながら，その方法を引き受けてＡさんの背中に触れてみる。すると，触れた指先から，強張ったＡさんの身体が伝わってきた。

W先生は，丁寧にＡさんの背中そして上肢へと移動しながら摩り，もみほぐしている鈴川さんを目で追っていた。10分ぐらい過ぎた頃だろうか，Ａさんの表情を見ると，目を閉じて眠っている様子に気づいた。鈴川さんもそのことに気づいたようだったが，Ａさんの身体からその手を離すことはなかった。

援助が終わった後，しばらくたってＡさんは目を覚まし，「身体がすごく楽になった」「軽くなって痛みが飛んでいったよ」と笑顔でリラックスしたことを伝えてくれた。そして鈴川さんは，笑顔で「嬉しいです」と答えていた。Ａさんは加えて，「じつはマッサージをしてほしいとずっと思っていてね……」と初めて看護への要求について表出した。その言葉に驚いた鈴川さんは「え……」と一瞬言葉をつまらせて，「マッサージができて，本当に良かったです」

と返した。

Ａさんは，これまで要望はあっても「看護師さんは忙しいから，なかなか声がかけられない」「私のほかに，大変な患者さんはたくさんいるからね」「だから頼むことができなかった」と話した。忙しそうにしている看護師に対して遠慮があるのは仕方ないことであるが，ましてＡさんは，自分よりも相手のこと，周囲の人を大切にする人だった。その「周囲の人」の中に，看護師も含まれていたのである。

患者は，看護を受けることを当然視しているわけではないし，自身を常に看護を受ける側として認識しているわけでもない。患者は，看護師との関係においても相手を気遣い，配慮するのである。Ａさんが看護師に依頼しなかったのは，ただ我慢していたのではなく，そうすることで他者を配慮するという自分の生き方を護り自己の尊厳を維持していたのである。

今回，鈴川さんとＷ先生が行ったマッサージは，わずかながらもＡさんの睡眠を誘った。それは，Ａさんの筋肉の循環を良好にするという物理的な効果があったこともさることながら，鈴川さんの「少しでも痛みから解放される時間をつくりたい」というケアする人の意思が，相手が心地よいと感じられる手のぬくもり，温かさを伴った行為となってＡさんに届いたに違いない。

このように看護は，その人の身体に関わることで心を和らげ，その人を癒していくのである。

③「患者さんに救われる」ということ

鈴川さんは，実習中大変な時に，「患者さんに救われる」「患者さんに励まされる」と話すことがあった。鈴川さんは，「自分は看護学生であり，私が患者さんに元気をあげないといけないのに……」と言いながら，「私の方がＡさんに助けられている」のだという。鈴川さんがとくにそう思うのは，「緊張して，Ａさんへの看護が思うようにできない時ほど，Ａさんの笑顔や優しい言葉に救われる」からである。では，鈴川さんにとって「Ａさんの笑顔や優しい言葉に救われる」とは，どのような経験なのだろうか。

鈴川さんは，今回，初めて患者に看護をするという体験をしている。そのため，Aさんへの看護に時間がかかってしまうことがあった。そのたびに鈴川さんは，Aさんに「申し訳ありません」と謝っていた。その言葉を受けてAさんは，「早くしようと思わなくてもいいから」「ゆっくりでも大丈夫」と言って鈴川さんのペースで行えるように，待っていてくれたりした。

鈴川さんは，このような経験を踏まえて「自分が緊張している時，援助が思うようにできない時など，Aさんの笑顔や優しい言葉に救われている自分がいた」ことを実感したのである。鈴川さんが「患者さんの笑顔に救われた」のは，たんなるやさしさという意味だけではなく，他者を受け止める包容力，寛容さ，そして，Aさんの「周囲の人の笑顔が自分にとって幸せを感じる時」というAさんの価値観に他ならない。

鈴川さんは，Aさんの援助を通してこれまでの自分では太刀打ちできない事態に直面し，それによって生じた焦燥感などの感情に巻き込まれることで，自身を見失いそうになってしまった。そのような時に，Aさんによってかけられた「ゆっくりでいいよ」といった言葉で，瞬時に自身を省みる機会を得，自分が今，看護学生として何をすべきかを自覚することができたのだった。そして，その時見失いかけていたのは自分だけではなく，看護をしようと向き合っている「Aさんまでも見えなくなっていた」ことに気づいた。鈴川さんが自身を取り戻すとは，自分のみならずAさんをも取り戻すこと，すなわち両者の存在を意味するものであり，その関係が復活することで留まった看護を起動させることができたのである。

（3）浮き彫りになったケアリングの輪郭

これまで看護学生の看護の経験について見てきたわけだが，そこから浮上した「ケアリング」という事態，その意味についてみていくことにしたい。

①他者経験に基づく関係の生成

人と関わる看護では，看護の相手となる患者が，今どのような状況にあるのか，どのような苦痛があるのか，というその人の経験を基盤としている。看護師は，患者の世界に接近し，その人の「今，ここ」における経験を了解しようとする。このように看護は，看護師が患者という他者経験に近づくことから始まっているのであり，看護師が患者に対して一方向的に何かをするというような，相手を操作するものではない。看護によって，患者の苦痛が緩和し，安楽が促進するその根源は，患者と看護師との関係にある。そのため看護という実践が，その関係に拠って患者が安寧へと導かれることもあれば，逆に緊張を与えることもある。つまり看護は，血圧測定や洗髪という動作を指すのではなく，血圧の測り方や髪を洗うという過程において，患者が，尊重され大切に関わられているという実感を含めて心地よさをもたらす。そのため，手先の器用さだけでは看護になり得ない。血圧を測定するといった行為が看護になるためには，患者の心に寄り添い，思いやりを持ち，気遣うといった，ケアする人の心持ちが具現化されることに拠っているのである。

たとえば鈴川さんが，Ａさんにマッサージをするには頼りない手技，技術であったかもしれない。しかし，Ａさんの束の間の睡眠を誘うほどの心地よさが得られたのは，鈴川さんがＡさんの痛みを少しでも和らげたい，と思う気持ちに端を発した行為の現れとしてＡさんに届いたからかもしれない。それはさらに，これまでＡさんが医療者に遠慮して言えなかった「本当はマッサージをお願いしたかった」という内なる声を発することを可能にした。

メイヤロフは，他者が自分を必要とし，それに応えることが自分の喜びになることをケアリングの特徴として述べている。そしてこの点で重要なことは，「私がその人の立場であったら」という捉え方ではなく，その人の背景や価値観等も含めて，私とは異なる存在として，その人はどう捉えるのかという，他者経験を分かち持つことが求められる。鈴川さんは，看護の際，「Ａさんの場合は」「Ａさんだったら」と一貫してＡさんを主体に考えていた。たとえばＡさんの，苦痛があっても相手を配慮することを重視する生き方は，鈴川さんにとって当初は想像し難い価値観だった。しかしそれを知った鈴川さんは，「Ａさんが努力している生き方を，大事にできるように」援助したいと思うに至るのである。鈴川さんがそのように看護をすることは，Ａさん自身が本来持っている権利において，存在するものと認めること（Mayeroff, 1971）であり，どのような状態にあってもその人がその人らしく生きられるよう努力し続ける存在として尊重することにつながっていく。鈴川さんは，それに応えるための看護に取り組もうとしていたのだった。

②ケアしケアされる循環的な関係

ケアリングでは，ケアする側がケアされる側からケアを受けるという事象が生じるという。今回の事例においては，ケアする側は鈴川さんであり，ケアされる側はＡさんということになる。ケアされる側の患者は，誰かに何かを頼まなければ生きていけない状況が多くなることで，医療者に何かを頼むたびに「申し訳ない」という思いが湧き，療養生活が窮屈になる。患者は，一人では何もできない弱者として，自身を位置付けることさえあるのである。他方，ケアする側に在った鈴川さんはどうだろう。鈴川さんの場合，看護師ではなく看護学生であるため，完全なるケアする側の立場とは言い難い。なぜなら看護学生は，臨床現場で患者に看護をしたいと思っても一人では何もできない。そうした自分を自覚し，患者にとって自分が傍に居ることすら迷惑なのではないかという思いに苛まれたりするからである。看護現場で，学生はその大半を看護師や教員に教えてもらいながら行動するために，自己の脆弱性ばかりが前景化してしまう。このように捉えると，患者のＡさんも看護学生の鈴川さんも，ともに弱さを自覚しつつ相互に関わりを持っていたといえるだろう。Ａさんが看護師に援助を頼みにくいという事態を知ったのは，看護師になる前の，弱さを知っている鈴川さんであった。その鈴川さんは，実習開始時にＡさんに受け入れてもらえるのか不安だった時に笑顔で迎えてくれることで安堵し，看護技術が不十分な時にも，そのケアの受け手であるＡさんに励まされることもあった。なぜならば，鈴川さんの不安を瞬時に受け止めたのは，看護師や教師ではなく，患者のＡさんだったからである。Ａさんも鈴川さんも，自身の弱さをどこかで負い目として感じつつその場に在った。その弱さを抱えているからこそ，相手に生じている心配事や不安を感受できるのであり，それを何とか解決できないものかと慮るのである。

このように，弱さとは強さの欠如ではなく，他者を理解する時の力に代わるものといえるだろう。弱さを知っている私は，自ずと他者の苦しみをともに苦しむようになり，だからこそ事態を何とかしようと関わりを試みるのである。この弱さに着眼することは看護では要でもあり，その関係においてケアリングという事象が現出されるのである。

こうした存在同士の交流が，相手を主体とする利他的な行為を招き入れ，ケアされる側，ケアを受ける側といった一義的な捉え方を凌駕する。ケアしケアされる者同士においてその役割は固定せず，相手を理解し理解される，相手を受け入れ受け入れられるという，循環の経験においてケアリングの関係が生成されていく。

③受動的能動という次元

看護は，患者の身体への関わりを通して心を癒すという看護師の身体を用いて相手の心身に関わることを特徴とする。それは看護師が患者に関わっていくという，一見，能動的に映る行為である。しかし，看護師が患者の身体に触れるということは，触れたその瞬間に相手のぬくもりが伝わってくる，すなわち受け取ることでもあり，受動的行為といえる。この受動的行為のもとに相手の状況が分かり，次に看護師はどのように患者に関わるのかという能動的行為へと変換できるのである。このような受動と能動の交換は，瞬時にしかも同時に患者の状態に沿って行為の形を変えながら変容していく。そのため受動的能動としての看護を，実践の中で自覚することはほとんどないといっても良いだろう。看護師と患者の経験は，双方の身体の温かさ，冷たさ，ぬくもりなどの知覚，感覚が残り，それを振り返ることで認識されることなのである。同じように，看護師は患者を見ているという能動的行為をしているようで，じつは患者から見られているという受動的な関係にある。このような同時的で相互的な交流を通して，患者と看護師はともに看護の方向性を創っていく。

したがって患者と看護師は，ケアする側とケアされる側という両極に位置付くのではなく，能動と受動が同時に開かれる次元において一体として成り立っているといえる。Aさんの苦痛を何とか和らげたいという患者への専心（engrossment）に基づいた看護は，鈴川さんの一方的な思いからではない。あくまでもＡさんという他者の経験に動機づけられている。すなわち，患者と看護師の能動と受動とがともに開かれる次元において，ケアする看護師はその感覚に開かれて受容的になり，相手のニーズを感受することでケアされる人の視点から行為を起こすことが可能になる。それは，「他者を主体として考える」という「動機の転移」（motivational displacement）（Noddings, 1984）を意味する。このように，ケアする側として看護師が存するのではなく，眼前にある患者によってケアする者として導かれる。鈴川さんが，Ａさんの腰痛や痛みによる緊張状態にあることに気づいたからこそ，それを緩和したいという実践へと志向していった。すなわち，看護師のケアを引き出すのは，患者という存在に他ならない。ケアリングは，その次元において生起するのである。

3　教育の基底としてのケアリング

これまで鈴川さんの経験について，ケアリングについて説いたメイヤロフ，そしてノディングズの理論を援用しながら見てきた。本節では両理論家の理論について見ていくことで，教育におけるケアリングの重要性について深めていくことにしたい。

（1）成長と自己実現を助ける——メイヤロフ

メイヤロフは，ケアリングは相互関係におけるあり方であり，その関係においてケアする人は成長すると述べている。宗教家であり哲学者であるミルトン・メイヤロフは，1970年代に人間的現象におけるケアリングについての哲学的研究（Mayeroff, 1971）を行った。ケアリングを「最も深い意味において，他の人格の成長と自己実現を援助することである」（Mayeroff, 1971）と定義し，その特性として，他者の成長を援助すること，忍耐，信頼，責任における自由，などを挙げている。ケアリングを，我が子をケアする父親にたとえて，ケアする者の態度について次のように述べている。「彼はその子を，その子自身が本来持っている権利において存在するものと認め，成長しようと努力している存在として尊重する。彼はその子にとって自分が必要であると感じているし，その子の成長したいという要求に彼が応えることによって，その子が成長するのをたすける」(Mayeroff, 1971) のである。このようにケアリングは，自分の欲求を満たすために誰かを利用するのではなく，「他者が自分を必要とし，それに応えることで，その他者が成長する」ことが自分の喜びにつながっていく。そのためケアリングは，向き合う他者が中心となるわけだが，重要なことは，その他者は自分の喜びを得る手段ではないということにある。この意味でケアリングとは，利他的な行為として読み取れるが，ケアリングはそこに留まらない。自分が他者の成長のために必要とされていることを感じ取る (Mayeroff, 1971) こと，すなわち他者から「私」が必要とされ，それに応えていくことでその人が成長するという過程において，私自身が充足感を得られるのである。

このようにメイヤロフは，ケアする人とケアされる人との相互補完的な関係においてケアする人も成長することを示唆している。

(2) 関係のあり方に基づくケアリング——ノディングズ

教育哲学者のネル・ノディングズは，ケアリングを「ケアをする側」と「ケアをされる側」というように，両者の立場を分けてはいながらも，その関係においてケアリングが成り立つとしている。ケアリングは，最終的にはケアされる人の中で経験されることから，ケアする人の成長は，閉ざされた自己においてではなく，他者の存在によって見極めることができることを述べている。ノディングズによれば，ケアリングとは人間関係におけるあり方 (Noddings, 1992) であり，他者に対する受容的で応答的なあり方を意味する。それは私たちの日常生活に貫かれた，他者をケアし他者からケアされるという相互関係において成り立っている。

ケアリングの本質的な要素として，ノディングズは，他者に関与することや，他者の現実 (reality) に関心を持ち続けること，その継続においては関与の仕方を更新していくこと，というケアリングの継続性とその状況に合わせた関わり方の変容について示唆している。

ケアリングには個人的な優しさや思いやりは確かに必要だが，その本質は，たんなる美徳や個人特性ではない観点で捉えること（Noddings, 1992）が重要である。つまりケアリングは，個人的な性質や特性に依拠するのではなく，人と人との関係において生起することを重視しているのである。ケアリングの関係とは，その最も基本的な形において，ケアする人とケアされる人とのつながり，あるいは出会いが重視される。その関係がケアリングと呼ぶにふさわしいものであるためには，両者が独特なやり方で貢献（contribute）しなければならない（Noddings, 1992）。それは，「専心没頭」と「動機の転移」（Noddings, 1984）である。「専心没頭」とは，他者を受け入れるために，その人が私に向けて物語ること，他者が伝えようとしていることを誠心誠意，聞いて，見て，感じること（Noddings, 1992）で，私はその人の喜び，あるいは苦しみを感じようとすることである。ケアする人は，それを通してケアされる人を気遣い，配慮するのである。その行為にあたっては，ケアする人の視点ではなく，ケアされる人の視点から出立するという「動機の転移」を契機とする。私の関心が，私自身の現実からその人の現実へと移転することで，その人が何に困難を感じているのか，今，何を欲しているのかを自分のこととして受け止めるのである。これについてはメイヤロフも指摘していた点であるが，ノディングズはさらにケアする人と，ケアされる人との相互の関係の中で，それが連鎖し相互に成長していくと述べている。

このようにノディングズは，ケアリングという他者へと差し出す具体的な行為を支えているのは，相手を主体にした「専心没頭」と「動機の転移」という二つの特徴が存在すると述べている。そうであれば，示された行動だけでは，ケアリングであるか否かの判断はできないということになる。相手を主体にするということは，ケアする人が，「ケアされる人の視点」を持って行うということである。そのため，ケアリングはこうしなければならない，という原理や普遍性のもとに行為化することとは異なる。また，「ケアされる人の視点を持つ」とは，私がその人の立場だったらどうするのかではなく，「その人の生きられる世界」において，「その人を理解しようとするあり方」である。それは，その人と私の関係において明るみになることであり，そのつどの事態に沿いながら柔軟に対応することである。そのため，ケアリングの関係とは，ケアする人とケアされる人との応答的な関係の更新とともに，ケアリングのあり方も更新されていくことになる。このように他者との相互的で継続的な経験が，ケアする人を成長の途へとたどるに至らしめることになる。言い換えればケアリングという経験は，他者を志向することによって自己成長へと導かれるともいえるだろう。

教育との関係から二人のケアリングの捉え方を整理してみると，ケアリングとは，ケアする人に着目しつつも向き合う他者を主体とした行為であることが分かってきた。私自身を失わず，しかしながら他者へと専心していくこと。その過程においては，忍耐や変化といった関係の変容を含みつつ，その事態に合わせて関わり方を固定化することなく変えていくこと，その関係を通して，双方が成長することなどが見えてきた。ケアリングが相互の関係性を重視することは分かったが，では教育実践において，児童生徒にどのように関わっていけばよいのか。次に，ケアリングを基盤にした教育実践についてみていくことにしたい。

（3）教育の場におけるケアリング

学校とは，児童生徒が今後社会に出た時に困らないよう学力をつけること，そのために学ぶことを第一義としている。このことに疑問を抱く教師はいないだろう。そのため理科や数学などの各科目を通して，学問の非妥当的な追求とその方法に関する教育研究がなされている。その一方でノディングズが指摘するように，文化社会的背景から今を生きるためのケアを学ぶ重要性も明らかである。病いや老いに伴うこと，つまりは生きていくうえで欠かせないのがケアである。しかし，学校の力点が数値化可能な学力に重きを置いていることから，教師はケアリングへの教育的課題をどこかで感じながらも，それは「家庭教育に拠るもの」としているかもしれない。

今日の学校教育において重視されている「生きる力」には，豊かな人間性の育成として，他人を思いやる心，生命や人権の尊重といった対他的な思考や行為が示されている。これらは，その人が，その人以外の誰かをケアできるようになる，というメイヤロフのケアと通底する。メイヤロフは成長を他者との相互関係の中で捉えており，他者との関係性の中でしか自己の成長はあり得ないとしている。相手の成長は，私との関係構築によって可能であり，関係性の構築を通して私自身の成長が成り立つのである。

学校における児童生徒にとっての他者とは，学友を中心として多様だが，中でも教師の存在は大きい。児童生徒にとって，教師は，時に友人であり父や母のようであるだろう。しかし揺るぎないのは，彼らにとっての教育者であり評価者であることである。教育は，個人的な経験から切り離すことができない（Noddings, 1992）のであれば，教師の教育への向き合い方や価値観は，児童生徒に影響することは確かであろう。私たちは誰であるのか，誰と関わりを持っているのか，どのようにしてある状況にいるのか。これらのすべてが，私たちが何を学ぶのか，何に価値を置き，知的で道徳的な生活にどのようにアプローチするのかに関わっている（Noddings, 1992）のである。では，教育現場において児童生徒がケアリングを体験するには，教師はどうすればよいのだろうか。

①教育的判断に基づく配慮

前節の事例において，鈴川さんを担当したのはW先生だった。鈴川さんがAさんをケアする過程において，W先生はどのような経験をしていたのであろうか。W先生は，「私は鈴川さんが実習を通して変化していることに助けられていました」，また鈴川さんによって，実習教育の「楽しさを改めて実感した」のだという。普段はおとなしい鈴川さんが，実習が始まると「患者さんの苦痛が和らぐようなケアをしたい」と言い始め，「その苦痛をどうにかしようと考えている」。それは鈴川さんが，Aさんが発する表現に注意深く耳を傾け，よく見て感じていること（専心）に拠っている。その姿を見たW先生は，患者さんに真摯に向き合っている鈴川さんの姿に，私が「どうにかしたいと思わずにはいられなかった」のだという。自分からあまり表現をしない鈴川さんが，Aさんと出会い「何とか痛みを軽減したい」「自分にできることは何か」と自分の意思を表明した。W先生はそのような鈴川さんを見たのは初めてで嬉しかったし，またその気持ちを大切にしたいと思った。そして鈴川さんとともに「Aさんの看護をどうしたらよいのか」を考え始めたのだった。

つまり，鈴川さんはAさんが苦痛を抱える姿に，そしてW先生は鈴川さんが看護に向かう姿に，ともに相手によってケアへと衝き動かされたのだった。このようにAさんのケアには，鈴川さんに対するW先生のケアリングの関係が内包されていた。つまり二重のケアリングの実践ということになる。

W先生の鈴川さんに対するケアの衝動は，鈴川さんのAさんに対する思いを素地とした倫理的な感情であり，他者のための行為である。このようなケアリングを引き起こす最初の根本的な感情は，愛や自然な心の傾向から発する（Noddings, 1984/1997, p. 7）という自然なケアリングが起点となっていたことが見て取れる。ところでW先生には，Aさんは痛いとか辛いとかを言わない人なので，そこを鈴川さんが受け止め看護につなげていってほしいというねがいがあった。そのような中で，鈴川さんがAさんの痛みを軽減するための具体的な看護実践の一つが，マッサージだったのである。

W先生は，看護を行う前にあらかじめ考えていたことがあった。鈴川さんは「患者に行うマッサージは，今回が初めてであり，Aさんは腰痛があることから，どれぐらいの強さで，どのように触れればよいのか戸惑うだろう」。だから「Aさんへの初回のマッサージは，鈴川さんがその感覚をつかめるように一緒に行い，その方法が分かるよう見せていくことにしよう」。その際にはAさんが安心してマッサージを受けられるように，安楽なポジションを見つける必要がある。安全のために「看護師に教えてもらう段取りをしよう」。W先生は，教育的な判断ともいえる配慮に基づきながら準備をしていたのだった。これらは「鈴川さんが，初めて看護実践へと踏み出す」ため安心して看護に向かってほしいという思いで整えていたことだった。

ハイデガー（2008）によれば，「配慮・顧慮（Fursorge）」は道具的な関わり（配慮）と，他者との関わり（顧慮）があるという。他者との関わりを示す顧慮は，二つの意味を有しており，一つは他者の心配を取り除くために，その人の要望などは度外視され，代わりにやってあげることを意味する。二つは，他者の心配に対してその解決に向けて模範を示す（やってみせる）ことで，その人は心配事に取り組み，その心配事から自由になることを意味していることである。W先生の関わりは，後者の模範を示す関わりに該当し，行為の主体者である学生の意思を尊重する形でマッサージができるよう，環境を整えていたことが見えてきた。それがなぜ可能になったのかといえば，W先生は，学生が困った時に耳を傾け，行き詰まった時にはその状況を共有し，戸惑う感覚を受け止めていた。とくにW先生は，学生に看護を行うその姿を見せることで，看護へと導くということが多かった。これらは，教員の学生に対するケアリングの一様態といえるだろう。

②関係の勾配の自覚

このように見てくると，児童生徒に対する教室でも同じような光景が繰り広げられているように思う。算数の図形が苦手な○○君には，次の説明の後に声をかけてみよう，分かっていてもなかなか手を挙げない○○さんには，こちらから促してみよう，といった教育的な判断が伴っている。それは一斉授業であっても，児童生徒の個別性を考慮した関わり方があり，その関わりが児童生徒のケアされる体験になっているかもしれない。教師の関わりがケアになるか否かは，教師が児童生徒との関係は水平ではなく，勾配があることを認識していることが重要になる。

教師が児童生徒と対等な関係でありたいと思っていても，児童生徒が学校で先生から教えてもらう，そして先生から評価される，という認識がある限り水平な関係を望んでもそれは困難である。そのため教師には，児童生徒との関係を常に分析できる鑑識眼が必要で，かつその関係の始まりは，児童生徒が教師からケアされていることを実感できるような関わりが必要になる。このケアの体験を通して，児童生徒はケアすることを学ぶ。ケアされるとは，教師から理解され，尊重されるという経験であり，児童生徒はこれらを通して他者から受容されることの安堵を実感し，教室の中で自由に意見を述べられる，その権利があることが分かるようになる。児童生徒が，教師の問いかけに答えられない時，間違ってしまった時でも教師に受け止めてもらえるという安心感は，児童生徒の固まってしまった心を開放する。

③ケアの反転

児童生徒は常にケアされる人であるのかといえば，そうではない。児童生徒は，常に教えてもらう側でケアされる側の人として規定されることは，児童生徒が自らの生き方を考え，日々実践する生きる力を奪取することになりかねない。

学校において児童生徒がケアする人になっていくためには，教師からケアされるという原体験が基盤となる。教師からのケアを受け容れることで身体に染入る心地よさが，他者に対する開示を可能にし，ケアすることを学ぶのである。児童生徒は，教師からただケアされることや受け容れられることを望むのではなく，自分の意見や現状に対する認識などを教師に伝えられることが重要である。児童生徒は，その応答の仕方によっては，教師が教えることに奮起したり，見失いかけたりすること，つまりは，対する教師の向き合い方，応答の仕方への影響力について，知ることが求められる。応答という責任を知ることで，教師への関わり方を思慮することになるかもしれない。それがケアすることにつながっていくのである。

ケアする人とケアされる人は，相互関係を生成する過程において，双方の在り方を反転させることで表裏一体の教育的な関係を模索する。すなわちケアの反転が，水平な教室空間における児童生徒と教師の議論を可能にする。

事例にみた看護学生の鈴川さんは，受け持ち患者の「Ａさんに救われた」ことを経験している。同じように鈴川さんを見てきたＷ先生も「鈴川さんに，助けられていた」と語った。Ｗ先生は，「教育への気負いがあった」「実習で看護の素晴らしさを実感してもらいたい」という思いを抱いていた。しかし鈴川さんがＡさんのために「看護技術を幾度も練習」している姿や，「Ａさんの辛さは，どうしたら軽減できるのでしょうか」と率直に問いかけてくる姿から，学生とともに看護をすることの楽しさを知り，「教えなければ，と気負わなくても良い」こと，さらに「学生の力を信じて待つ」ことも必要であることを知ったのだった。

これらは，たんなる役割の反転を越えて，相手の存在を通して自分の成長を実感するという経験に基づいているといえるだろう。

ケアリングにおける理解とは，他者と共に感じること（feeling with）であり，それは他者を「受容する，受け容れる（receiving）」ことを意味する。ケアする側となることの多い私たちは，向き合う他者に能動的に関わろうとする。しかし，その手前にあること，それは受動的に他者を感じてみることで，その人の素直な思いが私に差し出されるかもしれないし，それによって私は，私が知らない思いや考えが湧出するかもしれない。他者とともに創るケアリングという実践においては，他者を受け容れる余白が必要なのである。

④他者の呼びかけに耳を傾ける

本章において，ケアリングを人と人との関係における基本的な形としてケアするひと（one-caring）とケアされるひと（cared-for）との出会いやつながりとしてみてきた。そしてそれは，ケアリングと直結するわけではなく，お互いの関係の中で共に創り上げていく経験であることとして述べてきた。

しかし第1節で述べてきたように，現代に生きる教師は，教えるという営み以前に，その世界で疲弊しているということがあるかもしれない。そのため，相手の思いを聴くことの重要性は分かっていても，相手を受け容れるという余白はすでに塗り潰され，それを実践できないということもあるかもしれない。また，多くの児童生徒と関わる教師にとって，児童生徒と教師の相互関係を基本単位として考えるケアリングという観点は，必要だとは分かっていても現実的に即さない，と捉えられているかもしれない。

しかし，ノディングズは，次のように述べている。「私は，すべての生徒と，深く，持続的で，時間をかけてできあがる個人的関係を確立するには及ばない。私がしなくてはならないのは，全面的に，かつ，無差別に生徒に対して――それぞれの生徒に対して――面と向き合うことである。というのも，生徒が私に対して呼びかけてくるからである。出会う期間は短いかもしれないが，出会いそのものには，なんら欠くところがない」（Noddings, 1984）。

教師が直面している課題は，複雑で多々あり忙しさが常態化している。しかし，私たちが教師でいられるのは，児童生徒という他者がいてくれるからである。その児童生徒と深く関わることで，結果的に教師が傷ついた，という経験がある人もいるだろう。そのために児童生徒との関わりを最小限にしたいと思うのは，当然のことである。しかし，その傷を癒してくれるのも，他ならぬ児童生徒ではなかったか。ケアリングにおいて，その関係は役割が固定化せず，反転しながら，自分に癒しの手が差し出されることさえある。そうであれば教師は，自分の身体を少しずつ柔らかくして心を開くことを試みても良いかもしれない。なぜならばどれほど科学技術が進化しても，人と人との関係が，私たちの生きられる経験の基盤となるのだから。

（4）ケアリングという挑戦

ノディングズが述べる「呼びかけてくる」児童生徒は，声を発することに限らず，気配，兆候といった微妙なニュアンスで「呼びかけてくる」ことがある。教師は，児童生徒をみつめること，受け止めることを止めない限り，そのメッセージを感受しているだろうし，児童生徒からの視線やその変化に気づいているだろう。それは，教師の受動的態度により経験されるわけだが，さらに児童生徒の理解へと進展するためには，児童生徒－教師の相互関係が前提となる。児童生徒からの声なき呼びかけ，言い換えれば，児童生徒の「今，ここ」における経験の理解は，教師が児童生徒に対してあらかじめ抱いている見方（先入観）と，教師の眼前に在る児童生徒の状況とが，影響し合うことで成り立つ。教師が児童生徒を受け止めることで，児童生徒の新たな姿が見えてくると，教師はこれまで捉えていた児童生徒に対する認識を振り返る機会を得，その観点が浮上してくるかもしれない。つまり，教師にとって，児童生徒の「今，ここ」における接近は，相手（児童生徒）のみならず自らを知る一つの可能性として開かれているのである。

このような児童生徒－教師の相互理解の過程において，ケアリングは生成される。そのため，教師と同様に，児童生徒も他者（教師）を感受する力を身に付けることが肝要になる。児童生徒は，日常生活において教師から配慮され，気遣われ，関心を示されるといったケアリングを体験することを通して，徐々にその力を身に付けていくことだろう。教師は，時に児童生徒のケアリングの萌芽を信じて待つことが求められるかもしれない。たとえその気配が摑めなくとも，それは児童生徒の問題ではない。なぜならば，ケアリングは児童生徒と教師との相互の関係性において生じることなのだから。

児童生徒と教師が，お互いに理解され，受け容れられ，尊敬され，認められること。このような営みが学校教育の場で培われ，後世へとつながっていくことが，児童生徒と，教師の成長を援けることになる。それは，学力に傾倒しがちな学校教育において，人が生きていく上で根幹ともいえる「ケアする力」を学び培うという挑戦的で持続的な試みなのである。

さらに学びたい人のための図書

マーティン，ジェーン・R.／生田久美子訳（2007）『スクールホーム――〈ケア〉する学校』東京大学出版会。

▶学校をケアの原理で捉えると子どもたちにとって，学校はどのような場所なのか。教えるとは何かという根本的な問いに基づく一冊。

マーティン，ジェーン・R.／生田久美子監訳（2008）『カルチュラル・ミスエデュケーション――「文化遺産の伝達」とは何なのか』東北大学出版会。

▶学校を文化的価値と創造，ケアリングと教育の観点から捉え直し，その改革にむけた一冊である。

引用・参考文献

ガダマー，H. G.／轡田収・巻田悦郎訳（2008，2015新装版）『真理と方法２：哲学的解釈学の要綱』法政大学出版局。

ハイデガー，M.／高田珠樹訳（2008）『アリストテレスの現象学的解釈』平凡社。

ランゲフェルド，M. J.／岡田渥美・和田修二監訳（1974）『M. J. ランゲフェルド講演集　教育と人間の省察』玉川大学出版部。

渡邉二郎（1994）『構造と解釈』筑摩書房。

Mayeroff, M. (1971) *On Caring*, New York: Harper & Row Publishers. メイヤロフ，ミルトン／田村真・向野宣之訳（1987）『ケアの本質――生きることの意味』ゆみる出版。

Noddings, N. (1984) *CARING A Feminine Approach to Ethics & Moral Education*, The Regents of the University of California. ノディングズ，ネル／立山善康・林泰成・清水茂樹・宮﨑宏司・新茂之訳（1997）『ケアリング　倫理と道徳の教育――女性の観点から』晃洋書房。

Noddings, N. (1992) *The challenge to care in schools: An alternative approach to education*, Teachers College, Columbia University. ノディングズ，ネル／佐藤学監訳（2007）『学校におけるケアの挑戦――もう一つの教育を求めて』ゆみる出版。

Roach, M. S. (1992) *The Human Act of Caring*, Canadian Hospital Association Press. ローチ，M. S.／鈴木友之他訳（1996）『アクト・オブ・ケアリング――ケアする存在としての人間』ゆみる出版。

第3章

学級を経営する

——学びの集団をつくる——

高橋知己

1　学級経営とは何か

（1）主体性・自律性と学級経営

学級経営は，学校生活の基本である。児童生徒（以下生徒）の学校生活が学習と生活という側面から成り立っているとすると，その基底にあるのが学級経営であると言えよう。学習においても生活においても安定した学級経営による安心できる基盤がないと，のびのびとした学びや活動を行うことなど望むべくもないだろう。

「生徒が安心できる学級経営」とは，学校にとって決して新しい課題ではない。子どもを守り育てるのが教育の根幹に関わる役割の一つであり，学校や教師は，生徒の安全安心を守るためにどうすればよいのかということに腐心してきた。そのためには，どちらかというと集団主義的に管理することに比重を置いてきたのが従来型の学級経営の特徴であったと言えよう。教師の指示を一斉に，確実に受け止めるというシステムを生徒たちに構築することは，教師にとって都合よく集団をコントロールすることができるし，効率的に学習を進めるうえでも有用であったに違いない。しかし，そうした管理型の学級経営に対して，疑義が生じている。

社会のグローバル化や情報化のめざましい進展に伴い，生徒たちは絶えず起こりうる変化や課題に対応していく力が求められている。いわゆる問題解決型の能力はこれからの子どもたちにとって必要不可欠な能力となる。だが，従来の管理型の教育では，生徒の不断の変容や成長をコントロールすることや育てていくことは難しい。課題に出合ったときに，誰かのコントロールを待っていては対応や解決に向かうことはできない。これから求められる生徒像は，自分自身で課題を見つけ解決しようとする主体性や自律（自立）性である。そのための基底となる学級経営が，今求められているのだ。

（2）学級経営観の変遷

学級経営に対する研究の関心もこうした時代のニーズとともに変遷してきている。表3-1は学級経営研究に関心を持つ上越教育大学大学院生の石井雄大氏が個人の関心をもとに1989（平成元）年以降の主な研究を整理したものである。

このおよそ30年間の学級集団に関する研究では，心理学的な見地から「学級風土」や「集団の発達段階」に関する認識が高まってきていることが見て取れる。平成以前の研究では，リーダーとしての教師の指導行動の在り方や集団の目標遂行に関する研究が見られたが，生徒が学級集団をどのように認識しているのか，教師は生徒をどのように認知しているのか，といったように認知や心理といった側面から学級集団を把握しようとする傾向が高まっている。

生徒側からの研究としては，学校適応や満足感といった集団適応に注目した研究も増えてきている。生徒の側からの主体的な意識としての有用感や肯定感，満足感をもとに学校や学級への適応の様子を把握しようとする教師の視点の現れであると言えよう。

分析方法も質問紙法やRCRT法，日記の分析など多様な方法が試みられており，多くの人々がさまざまな方法を用いて学級を把握しようとしている。また，こうした多様な方法で把握することを模索している様子からも，学級集団の把握が困難を伴うものであることを認識させるとともに，教育にとって大きなニーズとなっていることをうかがわせる。

学級経営に関する研究の一覧によると，これまでのように構造的な把握や学級のリーダーとしての教師の指導行動を効果測定するというものから，生徒や教師の内面や意識についての研究が増えてきている。こうした認知主義的な傾

表 3-1　学級経営に関する主な研究（1989〔平成元〕年以降）

著者名	年	著書・論文のタイトル	発行元，号・巻・頁
根本橘夫	1989	学級集団における社会心理学的風土の多次元的研究――問題点と主要な知見	『千葉大学教育学部研究紀要』第1部，第37巻，pp. 39-54
稲越孝雄・岩垣攝・根本橘夫	1991	『学級集団の理論と実践』	福村出版
根本橘夫	1991	学級集団過程の規定要因と学級集団の発達段階に関する試論	『心理科学』第13巻第1号，pp. 30-41
内藤哲雄	1992	学級風土の事例記述的構造分析	『日本教育心理学会総会発表論文集』第34巻，p. 270
近藤邦夫	1995	『子どもと教育　子どもと教師のもつれ――教育相談から』	岩波書店
河村茂雄・田上不二夫	1997	いじめ被害・学級不適応児童発見尺度の作成	『カウンセリング研究』第30巻第2号，pp. 112-120
河村茂雄	1999	生徒の援助ニーズを把握するための尺度の開発(1)――学校生活満足度尺度（中学生用）の作成	『カウンセリング研究』第32巻第3号，pp. 274-282
河村茂雄	1999	生徒の援助ニーズを把握するための尺度の開発(2)――スクールモラール尺度（中学生用）の作成	『カウンセリング研究』第32巻第3号，pp. 283-291
河村茂雄	1999	生徒の援助ニーズを把握するための尺度の開発――学校生活満足度尺度（高校生用）の作成	『岩手大学教育学部年報』第59巻第1号，pp. 111-120
伊藤亜矢子・松井仁	2001	学級風土質問紙の作成	『教育心理学研究』第49巻第4号，pp. 449-457
伊藤亜矢子	2003	スクールカウンセリングにおける学級風土アセスメントの利用――学級風土質問紙を用いたコンサルテーションの試み	『心理臨床学研究』第21巻第2号，pp. 179-190
棚上奈緒・渕上克義	2004	学級集団の効力感尺度の開発研究――学校モラールとの関連性について	『日本教育心理学会総会発表論文集』第46巻，p. 177
伊藤亜矢子・毛利珠美	2005	小学校における学級という場を活用した学校支援①――教師用 RCRT に見る教師の視点の多様性と学級風土	『日本教育心理学会総会発表論文集』第47巻，p. 619
久芳美恵子・斎藤真沙美・小林正幸	2005	小学生の自己肯定感と人とのかかわりとの関連について――友人とのかかわりについての検討　(1)	『日本教育心理学会総会発表論文集』第47巻，p. 604
河村茂雄	2006	『学級づくりのための Q-U 入門――楽しい学校生活を送るためのアンケート活用ガイド』	図書文化社
松永あけみ・高橋充・峰岸哲雄	2006	小・中学生の社会的規範意識の発達	『日本教育心理学会総会発表論文集』第48巻，p. 575
三島浩路	2006	友人関係における親密性・排他性と学級適応感との関連Ⅱ――小学校高学年児童を対象にした調査の結果から	『日本教育心理学会総会発表論文集』第48巻，p. 227
井上裕光・氏家達夫・二宮克美他	2007	中学生の社会的行動についての研究(45)――学校適応における時系列解析	『日本教育心理学会総会発表論文集』第49巻，p. 226
松田育子・島崎保	2007	児童の自尊感情と学級適応感との関連に関する研究――学級づくりにおける教師の働きかけの視点から	『日本教育心理学会総会発表論文集』第49巻，p. 227
弓削洋子・新井希和子	2007	学級における教師の機能に対応する指導行動の分析	『日本教育心理学会総会発表論文集』第49巻，p. 451
蘭千壽・高橋知己	2008	『自己組織化する学級』	誠信書房
堤さゆり・小泉令三	2008	小学生版自己有用感尺度作成の試み	『日本教育心理学会総会発表論文集』第50巻，p. 90
田中康博・中谷素之	2008	学級づくり期における教師の学級経営観の変容過程	『日本教育心理学会総会発表論文集』第50巻，p. 366
清水寛之・吉野絹子・石野陽子他	2009	教員からみた子どもの成長・発達に関する諸問題(17)――子どもの将来像及び期待像に関する自由記述反応の下位分類	『日本教育心理学会総会発表論文集』第51巻，p. 333
綿井雅康・加藤陽子・桂川泰典他	2011	「精神的充足・社会的適応力」評価尺度の学級経営への活用(2)	『日本教育心理学会総会発表論文集』第53巻，p. 520
山崎茜	2011	小中学生女子の仲間関係の発達を促す要因は何か――親密性・排他性からの考察	『日本教育心理学会総会発表論文集』第53巻，p. 521
蘭千壽・高橋知己	2016	『創発学級のすすめ』	ナカニシヤ出版
山本真子・小松孝至	2016	児童日記にあらわれる他者との関係の中の自己――小学校4年生の日記の分析	『教育心理学研究』第64巻第1号，pp. 449-457

（出所）石井の資料に基づき，筆者作成。

向は，表面的な学級のありようからさらに内面の動きに踏み込むことによって，よりよい集団のありようを探索しようとしている。これまでの教師中心の「教師がどういう指導を行ったか」という視点から，「生徒はどう受け止めて，何を感じたか」という，いわゆる生徒を主体とした学級集団の理解へと変遷してきているのである。研究に関する関心の変容は，実際の教育現場の関心の変容を反映していると考えられる。

2　学級集団の変容

（1）学級集団を把握する

学級集団は生物である。「イキモノ」である学級集団は，個人の集合体やコミュニティとしてあるが，それ自体が生命を持っているかのようにふるまう。ある時は，教室ではつらつとし元気なあいさつが朝から飛び交い，授業中は積極的に発言しながら活動に取り組む。ある時はぎすぎすして誰に対しても何に対しても無反応であったりもする。熱く燃える学級，冷めた学級，どちらも多くの教師が経験する。つまり，あたかもイキモノであるかのように意志を示したり，活動したりすることがある。

また，「ナマモノ」である学級は，二度と同じ表情を見せることがない。瞬間でまったく別の顔になることもあるのだ。ベテランの教師の嘆きを聞いたことがある。「同じクラスで，去年と同じことをしているのに，今年はうまくいかない」。同じメンバーが集まっていたとしても，今日の学級は昨日の学級とは別の学級のように感じることもあるという。その日その日，時には時間とともに学級は変化していく。誰かが元気であることで集団が活気づき，誰かが叱られることで集団全体が落ち込んだりもする。まさに瞬間で表情が変わるナマモノなのである。

そんな「生物」である学級の生徒がどんな状態であるのかを知ることは，学級経営において担任が行うべき基本的かつとても重要な役割の一つである。生徒の状態を的確に見極めることが次の指導の手だてを考えるうえでも欠くことができない。学級経営の第一歩に，学級集団の把握があると考えてもよい。

現在，学校現場では学校環境適応感尺度アセス（ASSESS：Adaptation Scale for School Environments on Six Spheres）や Q-U（Questionnaire-Utilities）テストなどの質問紙を活用して，生徒の学校生活への適応感や満足度，意欲などをもとに学級集団や個人の状態を把握しようとしている。これらの心理テストは，それぞれの観点から生徒の状態をアセスメントしようとしており，有効に活用することで学級経営に大きく貢献することができる。

学級がスタートしたとき，生徒の様子が落ち着かないとき，自分の学級がうまくいっているのか確認するためにさまざまな質問紙法が開発され，実践に供されている。だが，優れた心理テストでもいくつかの困難点を抱えている。

残念なことに質問紙による調査は，調査を行った日の状況を活写したものである。その日の状態を切り取ることには長けているのだが，連続して変容していく生徒の状況や，どうしてそのような反応が生じるのかといった因果関係を明らかにする情報を収集しにくい。また，本来は学級集団を把握するためのテストであるはずなのに，好ましい反応が出なかったらどうしよう，それによって低い評価が与えられたら……，といった教師の評価懸念から，当日のみ居心地のよい教室環境が醸成されることもあるかもしれない。学級の日常の状態を把握するためのテストなのに，テストのために居心地のよさが演出されたとしたら本末転倒である。テストによるアセスメント評価を活用してこそこれらの質問紙は活きるのである。

（2）集団変容の捉え方

時々刻々とその姿を変えていく学級集団。そんな学級の様相を把握するための，より効果的で実践的な方法はないのだろうか。

本節では，こうした学級集団の変容をとらえるための集団把握の調査方法を検討してみたい。ここでポイントになるのは，①実践的に手軽に取り組みやすく，②連続的な変容を把握する，という点である。学校現場で活用しやすいものでなければ意味がないし，連続的な変容を把握することが生徒の個人の変容や集団の変容を把握することからも必要であると考える。

調査方法を考えるにあたって，実際に学校現場の教師たちはどのようにして生徒の様子をとらえているのか，実態を尋ねた。すると，やはり日常の様子や行動の観察を行うことで生徒の様子を見ているという回答がもっとも多かったのだが，もう一つ多かった答えがある。それは，連絡帳・日記でというものであった。

健康観察などと同様に小学校のほとんどの教室で，連絡帳や日記，家庭学習ノートなどを教師と生徒間でやり取りしている。中学校でも家庭学習ノートや生活ノートを取り入れている学校が多い。こうしたノートを通じた生徒との交流には多くの価値や効果があるという。生徒の日常の生活ぶりが具体的に伝わってくることもそうだし，普段の表情や会話から読み取れること以上のものが込められていることもある。さらに，みんなの前での会話と違い，担任だけの眼に触れているという安心感からなのか個人的な悩みを打ち明けてくることも少なくないらしい。ノートなどのテキストや記述データに含まれている情報は質量ともに豊富で，教育相談を行う際にも活用している教師がいるそうだ。

そこで，こうした日常的な記述を学級集団の変容把握に活用できないだろうか，と考えた。生徒の日常的な記述を蓄積し分析することで，個人の視点の変容と同時に学級集団への視点の変容も見えてくることが期待できる。とくに生徒の視点から学級変容を分析することには大きな意味があると考える。

これらの点を考慮したうえで，筆者ら（品田・高橋，2017）は小学生を対象にして学級集団の変容を生徒の記述データをもとに分析する方法の試案づくりを始めている。生徒の記述を分析するとしても，やみくもに記述を収集するというのは効率的ではないし，視点も拡散してしまう。調査に先立って，教師や大学生らに対するアンケート調査や先行研究などから，①協働性，②活動意欲，③信頼感，④自己表現，⑤一体感，の五つの視点を設定することにした。この視点を設定したうえで生徒の記述を分析しようと考えたのだが，予備的に調査したところ記述する際にとくに教示をしないと生徒は無関係な内容を記入したり，なかには文章を書けなかったりする生徒もいた。そこで生徒が書きやすいようにするためにSCT（Sentence Completion Test：文章完成法テスト）を援用することにした。

文章完成法テストは，心理検査の一つで投影法と言われる検査技法の一つである。あらかじめ数文字程度書かれた未完成の刺激文に続けて自由に記述してもらうという方法である。学級集団に対して一斉に実施することが可能であり，自己認識や対人関係への思いなどが投影されると考えられている。臨床心理学的見地からの本格的な分析に際しては専門的な知識や熟練の経験が必要であるが，生徒の意識を把握するための手がかりとしてその手法を援用することを企図したのである。

五つの視点を意識した刺激文は，次の通りである。

①みんなといると（　　　　　）　②クラスのみんなは（　　　　　）

③私はみんなの前で（　　　　　）④行事のとき（　　　　　）

⑤協力して（　　　　　）

刺激文に対する生徒の記述は，先行研究を参考に，A：肯定的表現，B：否定的表現，C：両価的表現，D：無回答・その他，の四つのカテゴリーに分類して判定することとした。こうすることで，個々の記述に対する質的な分析とカテゴリー化することで量的な変化も把握できるようにと考案したものである。

小学校の学級を対象にした際の結果についてはここでは詳述しないが，6か月間継続したデータを分析したところ，記述の変容が顕著に表れている生徒が多かった。とくに集団に対する意識が学校行事とともに変容していることが質的な分析から分かった。こうした変容を担任がとらえることで個々の生徒への適切な対応をとることができるようになると思われる。五つの視点を4カテゴリーから分析した量的な分析でも，月ごとの変化が表れており，継時的に見て生徒が学級集団にどういった視線を抱いているのかを明らかにすることが可能であるとの感触を得ている。

試みは現段階ではあくまで試案の域を出てはいないが，質問紙法だけではない記述分析は，日常的な学校生活の活動である連絡ノートやミニレポートを活用したものであり，生徒の側にも質問紙調査を受けるときのような緊張や不安といった抵抗感を抱かずに実施できるという強みがある。深い分析を行うことはできないが，学級集団の変容や個人の学級に対する認識の変化を補足することはできると思われる。

自分で何かを行いたいと思ってもそれを発信できない子がいるとしたときに，彼らの内なる小さなつぶやきを拾うことで，彼らが進んで意欲的に取り組もうとしていることの背中を押してあげることになれば，主体性や自律性を伸長するきっかけになるのではないだろうか。

また，たとえば現在の教育界が真摯に向き合わなければならないいじめ問題や不登校，ネグレクトなど，多くの子どもたちが抱えている悩みや辛さを小さな記述を通して打ち明けてくれること，それに教師が気づくことにつながってくれるのではないかと期待している。質問紙テストに加え，多様な手法を用いて学級集団の情報を収集することは，学級経営にとって欠くことはできない。

3　自律する学級集団

（1）創発学級という考え方

生徒の主体的で自律的な活動こそが学びを支えていく原動力になることは，前述の内発的動機づけ理論を含めこれまでも数多く語られてきている。ところが，生徒が自律的なふるまいを学校で行うことはそう容易ではない。教師がそんな生徒の想いに気づくためにも学級集団に対する効果的なアセスメントが重要となることは，前節でも述べた通りである。

自律的なふるまいは，他者との適切な関わり方ができない場合には，軋轢を生んでしまうことがある。「あいつ目立ちすぎ」「いい気になっている」などと，いさかいや友人関係のひずみが起こってしまい，教師が調整に乗り出すこともあるだろう。学校や学級は，生徒の安全で安心できる環境を整えることを目的の一つとしており，そこには教師が管理することを排除することはできないからである。問題はここにある。

本来は，学びや活動を推進するための教師による管理やコントロールだったはずが，いつの間にか効率的に管理するためにはどのように活動を計画すればよいのか，とすり替えられているきらいはないだろうか。そのことによって生徒が本来持つ多様な関心や価値へと迫ろうとする営為がそがれてしまう。管理する側の言説や理屈は「あなたのためだから」「そうすることがよいのだ」とする，あくまで管理する側の価値に基づく。こうした価値付けを受け入れることにならされてしまうこと，いわば学習者である生徒が外部からの価値で動機づけられることは，あたかも安全安心を担保するという美名のもとで，自律的に学びに向かうという内発的な価値を取り上げられていることに等しい。生徒が教師や親にだまって従うことも，学校生活に息苦しさを感じて反発することも，じつはどちらも外発的に価値付けられた行動であり自律性とは対極にある。「○○することはあなたにとってよいこと」という価値観に対して，抗うことも順応することも，どちらもが外発的な価値に反応しているという点において，外部に動機づけられていることに変わりはない。

多くの教師は，生徒の自律性を伸ばしたい，個性を発揮させてあげたい，と願っている。家庭でもそうだろう。子どもたちにできるだけ自由に活動してほしいと願っている親がほとんどである。だが，実際に子どもたちが遊びを考えたりお手伝いをしようとしたりしても「あれしたらダメ」「これはやめて」と制限してしまっている。子どもにしてみると料理のお手伝いをしたり，いろいろなものを使って遊び道具を作ったりしたいのだが，「それはけがをすると危ないから」とか言われてしまうと何もできなくなる。なぜならその理由が正当だから。教師は生徒にのびのびと遊んでほしいと思っている。でも学力向上が叫ばれているこのごろは，「勉強しないと困るのは自分だよ」とつい言ってしまう。すると生徒は何もできなくなってしまう。なぜならその理由が正当だから。

子どもがやりたいことをやらせたいと願う大人と，一方で正当な理由のもとにそれを制限する大人がいる。外的な働きかけとそれにこたえることに正当な理由があればあるほど，子どもたちは自らの内なる欲求に従った自律的な行動がとりにくくなるという現実がそこにある。外部からの価値に従うことをコントロールされながら自律的に行動することは，子どもにかぎらず大人にとっても容易なことではない。意欲と管理のバランスは大きな課題である。

内的な欲求に基づく行動の重要性を指摘したE.L.デシを主唱者とする内発的動機づけに関する研究は，いわゆる外部からの報酬に左右される外発的な報酬に基づく行動が，いかに人間の学ぶ意欲を減退させるかを示している。外部からの価値観に基づく「アメとムチ」を利用した教育が，いかに生徒のやる気を削ぐことに寄与しているかを示した研究であるとも言える。何かをやりたいという生徒の内発的な欲求は，ある意味において，バタイユの言う消尽（しょうじん）のように，自分自身が主体として定まっていることにすら危うさを感じるほど「没頭する」時間を経験するという人間の持つ根源的な快楽の一つであると言える。没頭体験は，自然や周囲の環境との積極的な体験によって育まれていく。家族とのお手伝いの中で，自然の中での散歩において，ボランティア体験する中で，と活動の中で人間は多くを学び，自らの内面にある自律的な感情や関心の方向性を発見していく。

内発的な動機づけに必要な三つの要素としてデシは，自律性，有能感，関係性，を挙げている。自らが自らの行動を決定しているという判断，自分はやれているという感覚，誰かとつながっているという安心感，それらこそが内発的な動機づけには欠かせないとしている。自分で決定したことを自分が実行し，学びを熟達化していくプロセスを経て有能感を体験し，そこに他者との結びつきの重要性や意味を感じることで次に向かうという意欲を獲得する。外発的な動機づけは，このような自己決定を促すチャンスを簒奪してしまうことで，人間の持つ生得的で根源的な自律に向かう欲求を握りつぶしてしまっているのかもしれない。

今，学力向上や生徒の安全という至極正当な理由によって「のみ」学級経営が行われている場所では，生徒の内発的な動機づけに対する配慮は十分になされているのだろうか。いじめや学級崩壊という学級経営上の悩みは，それらを防ごうとする管理的な指導によって生徒の自律的な行動にふたをすることでひずみを生み，逆に反動的になっていると考えることもできる。「コントロール

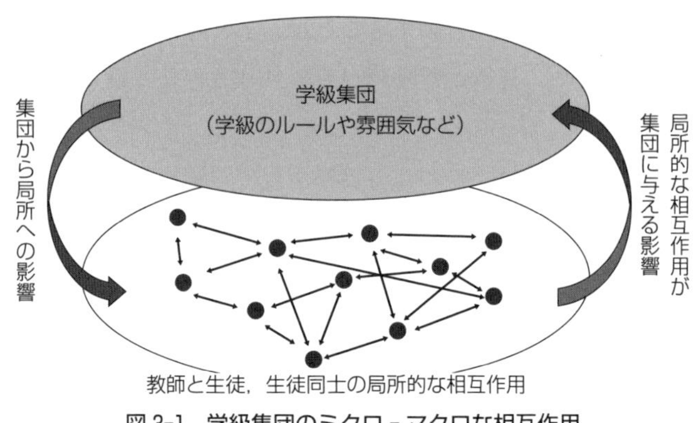

図 3-1　学級集団のミクロ－マクロな相互作用

（出所）筆者作成。

しなければ，生徒の安全は守れない」ということは，生徒指導に熱心な教師にとっての信条であり，ある種の正義である。しかしその正義を振りかざすことによって生徒の自律性が著しく低減されてしまったとしたら，そしてそれがゆえに反社会的な行動や非社会的な行動に結びついてしまったとしたら，それは悲劇的ですらある。

学級集団の管理は不要ではない。生徒同士の過剰な軋轢や互いの権利の侵害を制御していくことが，管理者としての学校の役割である。教師の正義を盾にした過度な介入をこそ制御し，生徒の自律性を高めるような学級経営はできないのだろうか。

生徒が主体的で自律的に活動する学びの場としての学級像を，筆者らは『創発学級』として概念化し，提唱している。創発学級は，いわゆるピラミッド型の管理的な構造ではなく，個人同士の局所的な相互作用と学級集団の規範やネットワークも固定化されずに影響を与え合いながら変容していくという動的な集団をイメージしている（図 3-1 参照）。

これまではどちらかというと，局所的な相互作用はミクロな作用であり，学級集団には大きな影響を与えないのではないかというように捉えられがちであった。しかし，教室場面を想定してみると，誰かと誰かがけんかして雰囲気が悪くなったり，それがもとでグループ間の対立が深まったりすることはよくある話である。教師が誰かを叱った場面でも，当人は仮に平気だとしても周囲の子がその光景を嫌な気持ちで見つめていて教師への不信感を募らせることだって，けっしてないとは言えない。ミクロな相互作用は，十分に学級集団の雰囲気や風土を可変しうる影響力を持っている。

一方，学級集団ではルールが策定される。学校で共通したルールもあるだろうし，学級独自のルールもある。係活動の名称や活動内容，給食の配膳やおかわりのしかた，掃除の手順など適用範囲の大小を問わずに多くのルールが決められる。そのルールを適用するときに，たとえば「男子だけボールを使っている」とか「○○ちゃんの給食だけ量が違う」といった問題が発生したとしよう。その時にどのように解決していくのか，だれがどんな役割を果たすかによって「○○ちゃんは公平に判断してくれる」「先生のルールはおかしい」といった反応が返ってくることで，関係性が変容することもあると考えられる。

学級の中では，集団と個人の「ミクロ－マクロな相互作用」によって集団が運営されている。一見すると教師の指導によって制御されているように見えても，その内側ではそうした教師の指導行動さえも生徒の判断材料に組み込まれた形で学級はダイナミックに動いている。教師の手によらずとも生徒自身が相互作用を通じて自律的にルールをつくり出し，自分たちでコントロールすることは十分に可能である。自らの意志を一方的に表現するのではなく，他者との交流の中で相手の意見を傾聴することの重要性や共感することの重要な意味を体得することで成長していく。生徒によるダイナミックな相互作用は，教師が思っているよりも可能性を秘めている。このダイナミズムを活用する形で学級経営に生かしていくことが創発学級のねらいでもある。

（2）学級集団の位相

生徒の主体性・自律性を学級集団の活動の基底としている創発学級。それぞれの場面で課題を発見し，解決に向かうために参加者がリーダーでありフォロワーとしての役割を状況に応じて自律的に選択して活動できる。そんな創発学級は果たして実際の学校現場において実現可能なのだろうか。

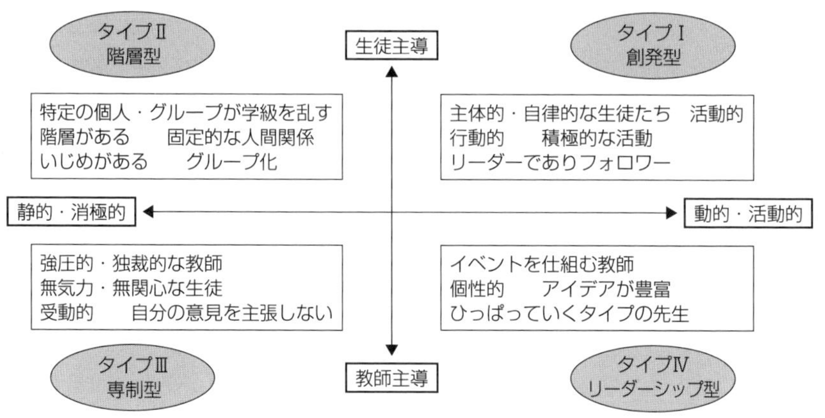

図 3-2　主導性および活動性から見た学級集団の類型

（出所）筆者作成。

そこで学級経験について自由記述による調査を行い，学級集団の構造を類型化して分析し，創発学級を含めた学級経営の位相について分析してみた（蘭・高橋，2016）。データは，「開かれた－閉じられた学級」をキーワードとして提示し，これまでの学級経験を想起して自由記述してもらうという方法で収集した。調査に関する詳細はここでは割愛するが，その結果が図 3-2 である。学級経験を分析する視点として，前述してきたように，学級集団が生徒の自律性をベースにしているのか教師のリーダーシップをベースにしているのかという主導性と，集団が動的か静的かという活動性の二軸で分類した。

二軸により抽出された四つのタイプは，Ⅰ：創発型，Ⅱ：階層型，Ⅲ：専制型，Ⅳ：リーダーシップ型，と命名された。創発型は，生徒たちが主体的・自律的であり，積極的に活動に取り組む学級であった。自由記述では，生徒たちが生き生きと学級行事やイベントに取り組む様子が多く見られ，概念化した創発学級の特徴的な事象が出現していることが確認できた。階層型と名付けられた学級の特徴は，集団の中にグループ化されていたり，いわゆるパワーを持っている少数の人間が集団を翻弄したりしていた。専制型は，教師が管理を強化しており，生徒は教師の価値を受け入れ指示に従うことで無気力になっている。受動的であり，自分の意見を主張することを控える傾向にあった。リーダーシップ型は，アイデアに富む教師のリーダーシップで学級は活性化しており，教師を中心とした活動的な学級像がそこにはあった。

学級集団の位相を分類する視点として提案した主導性と活動性の二軸は学級経験を類型化するときに有効であったと言えよう。興味深いのは，活動性が静的であった場合は主導性が生徒であっても教師であっても学級集団に対する印象はよいものではなかった。静的である階層型，専制型の学級では一部の生徒や教師によって支配的にふるまわれており，有能感や自己効力感を得ることがなく，さらに関係性も途絶されることが多いと考えられる。

一方，主導性は生徒の主体性や自律性の有無を表すが，自律性に関係なく創発型，リーダーシップ型ともに満足感を抱いている生徒が多かった。自律性が尊重されて活動性も高い創造型に満足感が高いのは納得できるのだが，生徒にとっては自律性を欠いていたとしても活動的な学級経営がなされるリーダーシップ型の学級に，ある一定程度の満足感を感じていた。このことには大きな危険性が潜んでいる。

つまり，生徒が満足できている学級経営が行われていればそれでよく，自律性を陶冶することをそれほど重要視しなくてもよい，と教師が考える可能性があるということである。

教師のリーダーシップにより活動性が高いことで生徒が満足し，それで十分であると教師が考えるのならば，主体的に学ぶ姿勢は生徒には身に付きにくいと考えられる。生徒の現状への満足感はもちろん必要なことではあるが，さらなる価値を追求しようとする次代の「学び」に迫るためにも，その先を見すえた教育が求められる。

4　学級集団社会をつくる

（1）ソーシャル・キャピタル（社会関係資本）

創発学級による自律性や有能感，関係性を育てることで内発的な動機づけを喚起し，主体的で自律的な学びを育てることの意義についてこれまで述べてきた。ここではこのような学級集団を形成するための学級経営の在り方について考えてみたい。

個人が学びに向かうとき，自らの意見をみんなの前で主張すること，自分の思いや考えを表現する活動は，とても大きな意味を持つ。しかし，それを周囲が受け止めることができなければ，自己肯定感が低められ，関係性が切断されて意欲はたちまち減退してしまう。周囲との関係性は学習意欲に大きな影響を与えている。そうした協働性を支える仕組みを表す「ソーシャル・キャピタル（社会関係資本）」という概念がある。「ソーシャル・キャピタルは，社会における『信頼』『規範』『ネットワーク』」を意味している（稲葉，2007）。

教育や学びによって個人がその資質や知識，スキルなどを身に付けたとしても，それをブラッシュアップするためには他者との関係性がなければ意欲的に学び続けることはできない。いくら自律的に学びたいと願ったとしても，ソーシャル・キャピタルが構築されず機能していない教室では，その思いを十全に発揮することはできない。ソーシャル・キャピタルの概念に基づく学級経営の手法を活用し，集団内の良好な関係性を築いていくことが期待される。生徒の自律性を支えるためのソーシャル・キャピタルの構築を支えるのが教師の役目なのである。

教師が学級経営を行おうとするときに，ソーシャル・キャピタルの概念が学級経営に与える影響として二つの有効な視点がある。それは，①集団構造に与える影響と，②集団内の社会的規範に与える影響，である。生徒の関係性やネットワーク，つながりに注視することで，友人関係が改善したり新たな関係性を築いたりすることができるようになる。それは，たとえばグループ間でのいざこざが生じている学級や中学校入学直後の複数の小学校から生徒が集まってきたとき，転校生が来たときなど，集団の関係性を強化したり，多くのネットワークを生成したりするときなどに有効である。関係性のつなぎなおしという意味も含めて集団の構造に大きな変革をもたらすことが可能となる。

関係性が構造的に安定したり，解体したりすることを繰り返すためには，特定の個人とだけ密接につながるという私的でミクロな関係性だけでは発展性が

表3-2　学級経営で活用するソーシャル・キャピタル

タイプ／機能	結束型（Bonding）	橋渡し型（Bridging）
機　能	・集団内の一体感を高める ・集団アイデンティティを形成 ・強い結束 ・団結して活動 ・排他的になりがち ・学級王国を生むことも	・異質な個人，集団との交流 ・発展的な活動 ・広範なネットワークが期待 ・表現力や社会性の陶冶 ・他者信頼が求められる ・新たな自己の発見
具体例	・合唱コンクール ・体育祭 ・クラスでまとまるイベント ・グループ活動 ・学級会活動 ・サークル，クラブ活動	・ボランティア活動 ・職場体験学習 ・児童会・生徒会活動 ・異年齢交流 ・校外学習 ・社会的な活動

（出所）筆者作成。

ない。それを拡張してよりマクロにネットワークを展開しようとするとそこにおのずから規範（ルール）が生まれる。それによって互酬性の関係性が強まり互いに守るべきマナーや責任が醸成されていくものと考えられる。

教師は，学級にルールを策定することを学級経営の第一歩と考えることが多い。そうした手法も否定されることはないが，ルールづくりが先か関係性づくりが先か，ということは検討するに値することである。ルールがあって関係性づくりが行われる場合もあるが，ヒトとヒトの出会いからルールが生まれることもまた必定である。

学級においてソーシャル・キャピタルを構築することを志向するときに，そのタイプについての配慮が必要である。タイプは大きく二つに分けられ，その命名については先行研究によって異なるが，ここでは学級経営での活用を前提にしており，以下のように呼ぶこととしたい（表3-2参照）。

学級内の関係性を強化しようとする「結束型（Bonding）」集団のソーシャル・キャピタルは，一体感を醸成しアイデンティティを高めることには有効な方法であるが，ともすると「学級王国」と揶揄されるように，閉鎖的で集団外の他者に対して排他的になってしまう可能性もあることに注意したい。結束型集団とは機能が異なるタイプとして「橋渡し型（Bridging）」集団のソーシャル・キャピタルがある。異質な成員や他の集団との連結を図るこのタイプは，より広範で動的なネットワークを結ぶことが期待できる。学級経営を行う際には，この二つのタイプをねらいに応じて効果的に配置し，たとえば学級の結束を高めるために合唱コンクールへの取り組みに力を入れることをめざしたり，福祉施設訪問により橋渡し型の機能を高めることを企図したり，といった計画を立てることが考えられよう。集団の発達や状況，タイミングを考慮しながら学級に適した学級経営の指導を検討することが求められる。

（2）学級集団社会を支える信頼

従来の教師を中心としたピラミッド型の組織では，集団の参加者は次の段階への情報伝達者であることが求められた。上意下達の中継地点としての役割である。そんな組織における教師の役割は，正確な情報を，効率よく展開することであった。だが，ピラミッド型の学級集団には大きな欠点がある。第一に学級内に依存傾向が生まれ，自律的な活動が見られなくなる。教師や一部のリーダーの指示を待ち，自分に指示されたことだけを行っていれば叱られたり罰を与えられたりすることもなくなる。何か違うことをして不利益を被るくらいなら，何もしないほうがいい，と考えるようになってしまい，やる気がなくなり個人の活動が低下する。この組織でもっとも活動しているのは，規則と管理のみとなってしまうのだ。第二に組織に閉鎖的で硬直化した雰囲気が生まれる。階層社会では，下部の声が上部には届きにくくなる。自分が直接的な不利益を被るのでなければ，そのままにしておこう，何もしないでおこうとする心性は上述したものと同じである。現在教育の大きな問題となっている「いじめ」に関する事案にもこうしたメカニズムが背景にあることが想定される。ピラミッド型で硬直化した学級集団では，情報は末端から上部には届きにくい。第三に，リーダーである教師はすべての生徒の行動を逐一管理できるはずなどない。それなのに管理，統制を強めようとするのには無理がある。ピラミッド型の管理システムでは，教師一人が生徒の行動をコントロールすることはあり得ない話なのである。こうした欠点を補うためにもピラミッド型の管理を捨て，教師は生徒への信頼に基づく新たなシステムを学級に構築していく必要がある。

これからの時代が求める組織は，ピラミッド型ではなく水平型ともいうべき柔軟で広がりを持った組織であると考えられる。一極集中型の組織構造では，多様な社会に対応できないからだ。組織の参加者は，多様な状況で出会う複雑な課題に対してはたんなる情報伝達者ではいられない。自らが駆動し解決のために活動することが求められる。その時に自律性が発動し，意欲的に活動に従事する。活動を通して自らが発信し，それに対する周囲の反応を受信する，ということを体験することで有能感や自己効力感を感得するのである。活動が次の活動を生むという活性化された体験は，さらに次へとつながるネットワークを生み，新しい活動に向かう原動力となるだろう。

その時の担任の役割は，従来のように効率化を促進するための，管理，コントロール，そのための指示，注意を行うことではなく，基本的なビジョンやコンセプト，組織としての価値について発信し，的確な目標を示すことができるというリーダー像である。そのベースにあるのが，同じ集団の構成メンバーである生徒と教師，そしてそれを取り巻く人々との信頼であることを銘記したい。

（3）これからの学級経営のために

これまで自律について述べてきたが，生徒の自律を支える学級経営における信頼とは，生徒にとっては教師の価値や判断への理解を深めることであり，教師にとっては生徒の自律を待つことなのかもしれない。

生徒に課題を提示する。最初は失敗もするが，時にヒントを与えながら一人でできるようになるまでじっと待つ。教えすぎてはいけない。頼りすぎて自律を妨げることにでもなったら意味がない。それはある種，子育てに通じる。大人が自分でやれば早いのだが，子どもにやらせて体験させる。失敗しても構わない，そう思えるまでには時間がかかるが，その間は子も親も成長する時間である。子育ても教育も「待つ」ことが重要である点で共通している。めざすことを達成しようとする営為を，子どもの手から大人が奪わないこと，それが教育の原点なのかもしれない。

学びの集団をつくる学級経営とは，効率のよい指導をめざすという従来型の指導とは一線を画すものである。効率性を追求するためには，でこぼこのない均質な集団に対して一斉に順序だてて指導を行うことが求められるため，個人の特性は集団に埋没し，集団は閉塞的で関係性も固定されていた。それに対して，これからの学級に求められるのは，個人の学びの意欲を喚起する自律性と有能感を育てるための配慮と，それを支える社会・集団の動的で包容力のある関係性の構築である。集団を一つのまとまりとしてとらえることでその動きを把握し指導するという巨視的視点から，個人に対する微視的視点を内包した個人と集団との相互作用として学級集団をとらえる視点へと移行していることを示している。

生徒は，集団に所属しているが集団に埋め込まれているわけではない。個人の想いや考えを抱きながら，友人や教師と集団を形成している一員である。集団を総体としてとらえ，個々の成員を括弧に入れて判断することは，効率性を重視する際のまさに効率的な対応である。だが，次代の学びはそこからは生まれない。大勢が集う集団の中にいながらも，個人であることを主張しようとする，その小さな声に耳を澄ませ，彼ら一人一人が次の一歩を踏み出すことを見守ること。そこに生徒が個人として自律し，学びに向かう機序が生まれるのではないだろうか。これからの学級経営の指導に欠かせない教師の役割が，そこにある。

さらに学びたい人のための図書

蘭千壽・高橋知己（2016）『創発学級のすすめ――自立と協同を促す信頼のネットワーク』ナカニシヤ出版。

▶本章と通底する問題意識で著されており，自律（自立）と協働（協同）をキーワードとして事例を交えながら学級集団論に切り込んでいる。

稲葉陽二他（2014）『ソーシャル・キャピタル――「きずな」の科学とは何か』ミネルヴァ書房。

▶ソーシャル・キャピタルに関する議論を，批判的なものも含めて包括的に取り上げ，その地平と各分野へ展開する可能性について論じており，学級経営のみならず各分野への刺激的な論考となっている。

引用・参考文献

蘭千壽・高橋知己（2016）『創発学級のすすめ――自立と協同を促す信頼のネットワーク』ナカニシヤ出版。

稲葉陽二（2007）『ソーシャル・キャピタル――「信頼の絆」で解く現代経済・社会の諸課題』生産性出版。

河村茂雄（2006）『学級づくりのための Q-U 入門』図書文化社。

栗原慎二・井上弥編著（2010）『アセスの使い方・活かし方』ほんの森出版。

品田ゆき子・高橋知己（2017）「学級集団と児童理解のためのアセスメント方法の試案」『日本教育心理学会第59回総会発表論文集』663頁。

デシ，E. L.／安藤延男・石田梅男訳（1980）『内発的動機づけ――実験社会心理学的アプローチ』誠信書房。

デシ，E. L.・フラスト，R.／桜井茂男訳（1999）『人を伸ばす力――内発と自律のすすめ』新曜社。

湯浅博雄（1997）『バタイユ――消尽』講談社。

第4章

教えることを学ぶ
——反省的実践家になるとは——

中村　駿・浅田　匡

1　リフレクションは必要なのか

教員養成の授業，教員研修，あるいは教師教育関連の専門書の中で「リフレクション」という言葉を一度は見聞きしたことがあるのではないだろうか。リフレクション（reflection）は，「省察」「振り返り」「反省」「内省」という訳語が当てられ，たとえば教育実習において日誌を書いたり，授業研究において事後検討会をしたりする等，実践を検討して授業力量を高めるための活動として用いられているのが一般的である。

我が国では，中央教育審議会（2012）において「学び続ける教員像」が理念として掲げられ，その文書の複数箇所で「省察」という言葉が使われている。つまり，教師の専門性として学ぶことが強調されると同時に，学び続ける教師になるためにリフレクションが必要とされるのである。そして，この教師像が提示されることによって，教師の自己研鑽や職能発達プログラムにおいてリフレクションが中核として位置付けられるようになった。

このようにリフレクションは，教育現場にも研究組織にもかなり認知されてきたと言える。読者の中には，本章を通していまさらリフレクションについて学ぶ必要がないのではないか，と思われる方もいるかもしれないが，ここでは改めてリフレクションをめぐる教師教育の状況について振り返った上で，いくつか問題提起をすることにしたい。

（1）教師教育におけるリフレクティブ・ターン

教師教育においてリフレクションが注目されるようになったのは，アメリカの哲学者であるドナルド・ショーン（Schön, D. A.）が，技術的熟達者（technical expert）から反省的実践家（reflective practitioner）に専門家モデルを転換したことがきっかけとされている。

技術的熟達者のモデルでは，教師のような実践者は，専門的知識の体系的基盤を持たないとされ，科学者によって一義的に定められた問題に対して原理や技術を道具的に適用すべきとされてきた。たとえば，学校の教育を改善する場合，問題の内容とそれを解決するための方法は教育を専門とする科学者によって定められ，教師はそれに従って授業を実施すべきであると考えられてきた。つまり，科学者が知識を生み出し，教師はそれを消費するという一方向の関係性が前提となる。しかしながら，「授業は生き物である」と現場の教師が言ってきたように，実際の授業で起きる出来事は複雑で，決まった解決策がなく，その時々のニーズに応じて変化し続けるため，科学者の技術や理論を適用するだけでは授業がうまくいかないことも多い。そのため，教師は目の前の人間を相手にしながら，原理や技術の枠に当てはまらない隙間の問題に対応しなければならないのである。こうした実態がさまざまな専門職において明らかとなり，技術的熟達者モデルの限界が指摘されるようになってきた。

従来の見方に対する信頼の危機を背景に，ショーンは，新たな専門家モデルとして反省的実践家を提唱している。反省的実践家モデルとは，実践を行う当事者自らが現実から問題状況を設定し，そうした状況と関わる中で新たな知を生み出し解決していくという考え方である。この見方により，たとえば教師は，たんなる知識の消費者ではなく，教える経験の中で能動的に知を生み出す研究者のような存在として捉えられるようになった。そして，この反省的実践家が知を生み出すための鍵概念として，ショーンはリフレクションを提案したのである。

反省的実践家は，教師や看護師を中心に広く支持され，現場の実践者が有する知や学びに関心が向けられるようになった。とくに近年の教師教育では，情報技術の進展によりインターネットやビデオカメラが普及し，そうしたツールを活用してリフレクションを支援する試みが多くなされている。具体的には，タブレット端末のカメラ機能を活用したリフレクション（脇本・堀田，2015），ビデオを用いたリフレクション（Cherrington & Loverridge, 2014），SNS を活用したリフレクション（Krutka et al., 2012）等，時間や空間の制約を超えて自身や他者の授業実践から学ぶ機会が ICT の活用によって提供されている。

このように，ショーンが反省的実践家を提唱してから30年以上が経過したが，教師教育においてリフレクションは現在も支持され続けているのである。それでは，リフレクションが推進されている現代の教師は，反省的実践家として自らの授業実践を継続的に改善しているのだろうか。以下では，近年のリフレクション研究を参照しながら，考えるべき問題について述べていきたい。

（2）リフレクションの機能不全

リフレクションを中核とした教員養成や現職教育プログラムは，リフレクションの機会を提供することによって教師が学ぶことを暗黙の前提としてきた。しかし，近年の研究では，教師の学びにおいてリフレクションが十分に機能していないことが報告されている。

具体的には，教師のリフレクションの深さについて検討したアボウ・ベイカー・エルディブ（Abou Baker El-Dib, 2007）の研究が挙げられる。彼は，教育実習生100名を対象として，授業実践の各ステップ（問題の記述・計画・実践・振り返り）におけるリフレクションの深さを４段階のレベルで分析している。その結果，半分以上の実習生がすべてのステップにおいて低次レベルのリフレクション，すなわち，授業の問題を近視眼的に解決しようとする傾向が明らかとなった。こうした事実から，リフレクションの機会をたんに提供するだけでは，必ずしも教師に深い学びをもたらすとは限らないと言える。

それに対し，教師が授業実践から十分に学べない理由として，単独でリフレクションさせることに限界があったからだと主張することもできよう。それでは，仲間やメンターと協力してリフレクションを実施すればうまく機能するのだろうか。結論としては，もちろん成功事例も存在するものの，必ずしも教師の学びを保証できていないのが現状である。たとえば，フスら（Husu et al., 2008）は，熟練教師や大学の指導教員の支援を提供しながら，対話によるリフレクションを実習生に試みた結果，実習生は自身の教授行為，判断，感情をありのまま記述することに留まり，新たな考え方や行為の仕方をほとんど疑問視しなかったことを明らかにしている。したがって，他者からの支援は役立ちうるものの，それによってリフレクションを機能させ，教師の深い学びにつながると考えるのは早計である。

かつてツァイヒナー（Zeichner, 1996）が「リフレクションしない教師など存在しない」と述べたように，確かに教師が授業を実践する中で，「もっといい発問があったのではないか」「子どもたちは本当に学べたのだろうか」と日頃から自問自答しながら授業を吟味しているのは間違いない。しかし一方で，同じように授業経験を積んだとしても，多くを学ぶ教師もいれば，十分に学べない教師がいることも事実である。したがって，そうした学びの差が，リフレクションのどのような違いによるものなのかを考えておく必要があるのではないだろうか。

（3）リフレクションに対する解釈の混乱

教師が「リフレクションする」とは，どのようなことを意味しているのだろうか。近年，リフレクションに対する解釈に混乱があることが指摘され，そのほとんどの理由は，ショーンの主張を十分に理解していないことにある。そのため，反省的実践家の考え方を矮小化したり，リフレクションの定義に一貫性が欠けたりしている。

たとえば，ショーンの主張を「過去の振り返り」に還元し，授業でうまくいった点や改善を要する点を教師に回顧させる活動をリフレクションとして単純化することが挙げられる。これは，過去の実践を吟味して最適な授業方法を考えるというリフレクションの見方である。アクバリ（Akbari, 2007）は，教師教育におけるリフレクション研究のほとんどがこのタイプに該当し，リフレクション本来の要素を十分に扱っていないことを指摘している。つまり，これまでにおいて教師がリフレクションをすることの本質について十分に考えられてきたとは言い難いのである。

こうした概念の矮小化に伴い，リフレクションの定義も一貫性に欠けてしまっている。一つの例として，ショーンのリフレクション概念の中でも，行為の中の省察（reflection-in-action）を扱った実践や研究の問題が挙げられる。ショーン（Schön, 1983, p. 54）によれば，行為の中の省察とは「行為しながら，行為していることについて省察すること（reflecting about doing something while doing it）」と定義されているが，具体的にどの授業場面を切り取るかは人によってさまざまである。たとえば，授業中に教師が思考している内容を捉えることもあれば，他者の授業を観察するときに考えている内容を捉えることもある。あるいは，特定の授業場面における教師の思考プロセスといったように適用範囲を限定する者もいる。つまり，同じ授業を検討しても，それぞれがまったく異なる事象を行為の中の省察として切り取ってしまっているのが現状である。そうなると研究や実践の視点が定まらず，十分に成果を出し続けることができないと言えよう。

クララ（Clarà, 2015）は，多くの教師教育研究が，リフレクション概念を誤解していると指摘し，教師の学びにおいてリフレクションが意味をなさなくなるどころか，むしろ授業改善の妨げになる可能性があることに警鐘を鳴らしている。こうした現状から鑑みると，ショーンの意図するリフレクション概念とは何なのか，再考する必要があるのではないだろうか。

2　リフレクションを問い直す

以上のようにリフレクションをめぐる教師教育の状況を振り返ってみた結果，教師によるリフレクションの機能や定義について十分に検討されていないことを問題として指摘することができる。そのため，このままでは教師教育の方向性を見失い，リフレクションの実践性が疑われてしまうと言える。

そこで本節では，ショーンのリフレクション概念を問い直すことにしたい。具体的には，まず，ショーンの主要な三つのリフレクション概念の定義，すなわち，行為の中の知，行為の中の省察，行為についての省察について検討する。リフレクションに関わる教師の実践は多岐にわたるが，その多くは授業に関心が向けられていることから，本節も教師の授業実践におけるリフレクションに焦点化して論じる。次に，リフレクションが他の概念と混同されがちであることを踏まえ，いくつかの問いを提示してリフレクション概念を明瞭化したい。

（1）リフレクションとは何か

①行為の中の知（knowing-in-action）

ショーン（Schön, 1992a）によれば，行為の中の知は，「日常の習慣的行為の遂行によって表出される知」と定義されている。具体的には，子どもの意見を板書で整理することができる，子どものつまずきに対応することができる，子どもの質問に答えることができる，といったように，ある見慣れた授業状況に対して教師が普段意識することなくできる行為を知として捉えるのである。また，ここでいう行為とは，身体的な行為だけでなく，会話することや観察することのような認知的な行為も含まれ，そうした行為の中に知が埋め込まれている（in）ということを意味している。

この知識観は，ライル（Ryle, 1949）やポランニー（Polanyi, 1966）の理論に依拠している。ライルによれば，人間が理知的であること（intelligent）とは，行為に先立つルールや計画を説明できることではなく，実際に状況に応じて行為できるという，やり方の知（knowing-how）によって示すことができるとされている。また，ポランニーは，言葉にできなくとも杖を身体の一部として使用できることを例示しながら，人間は語るよりも多くのことを知っているという暗黙知（tacit knowledge）を説明している。これらの理論に特徴的なのは，人間の知は，現実の状況に応じて行為できることによって表現されるということである。そして，杖といった道具の使用で示されるように，そうした知とは，人間の頭の中に独立して存在するのではなく，人間と環境との関係の中で捉えられるのである。たとえば教師から，「子どもの顔を思い浮かべながら指導案を書いています」「その場の子どもの様子を見ながら授業を進めます」という話をよく聞くように，教師の行為とは，子どもや教材等といった複合的な環境との相互作用であり，それゆえに，教師が有する行為の中の知というのは，そうしたさまざまな状況に対して身体的・認知的に応答することによって捉えられるものなのである。

しかしながら，行為の中の知は，見慣れた状況に対応することを可能としている一方で，通常意識されず，問題視されることがないため，知を固定化させてしまう危険性もある。ショーン（Schön, 1983）はそれを過剰学習（over-learning）と呼ぶ。たとえば，教師はこれまでうまくいっていた授業のやり方に固執し，やがて授業がマンネリ化してしまうといったことである。

②行為の中の省察（reflection-in-action）

行為の中の知を再構成するために，反省的実践家は，行為の中の省察を展開させるのである。ショーン（Schön, 1987a）によれば，行為の中の省察は，「習慣的行為が予期せぬ結果をもたらしたときに，自身の行為枠組みに意識的になりながら，知を再構成するプロセス」と定義されている。それは驚きの感情を伴いながら新たな行為を形成することであり，たとえば，発問に対して子どもが予想外な反応をしたときに，教師がその場で別の発問や働きかけを試す中で，新たな見方や行為を構築するのである。

具体的には，以下のプロセスで展開する（図 4-1）。すなわち，(1)行為の中の知によって，教師は見慣れた状況においてスムーズに教室環境（子ども・教材・時間等）と相互作用を行うが，(2)環境からの予期せぬ応答に気づくことによって，驚きを伴いながら自身の行為や見方に意識的になり，(3)その状況に対応するために，環境に対する見方・やり方を再構成し（リフレーミング），(4)新たな見方・やり方を試し（フレーム実験），実践者にとって満足のいく結果となれば知のレパートリーとして構築され，不満足な結果であればさらなる未知の状況に直面し，省察プロセスが展開する。このプロセスを通して，教師は授業の相互作用をより満足のいくやり方に変える，つまり，授業を改善するのであ

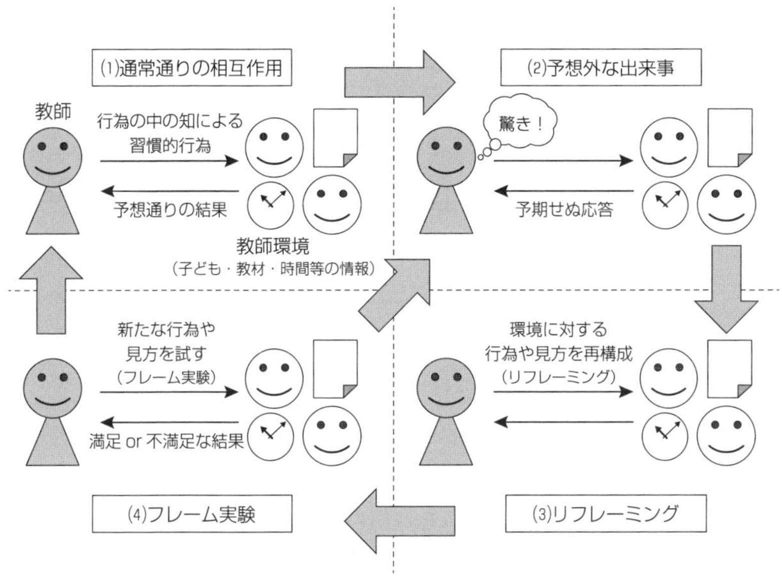

図 4-1　行為の中の省察プロセス

（出所）筆者作成。

る。

ここで意味する状況とは，ショーンの依拠するデューイ（Dewey, 1933）の探究理論を参照すれば，状況とは，実践者と環境との相互作用によって成立するものと定義されている。すなわち，教室環境から独立して教師の頭の中で真空につくられる妄想ではなく，逆に教師から独立して客観的に存在するものでもない。状況は，教師が現実の教室環境といかに相互作用するかによって存在するのであり，どういう状況であるかは，教師が教室環境をいかに意味付けるかによって異なる。ある教師にとって予想外に感じられた子どもの意見は，他の教師にとっては取るに足らないものとして意味付けられる場合もあるのである。以上の見方は先述のライルと共通する部分が多く，総括すれば，状況とは相互作用，すなわち行為であり，その中に教師の知や省察が埋め込まれているのである。

また，ショーン（Schön, 1987a）は，行為的現在（action-present）という造語によって，状況の意味単位について説明している。行為的現在とは，「状況に影響を与えられる範囲」とされている。その範囲は，実践者が状況をいかに区切るかによって異なる。たとえば，ある子どもの予想外な意見に対して，その場をどのように切り抜けたらいいかと考える教師もいれば，本時の授業全体において重要になると捉えて，どう授業構造を修正しようかと考える教師もいるように，その範囲は多様である。このように，行為的現在は，教師の授業状況の見立てに応じて変化し，即時的な状況もあれば，中長期的な状況もある。いずれの場合にせよ，行為の中の知も含め，行為の中の省察において「行為の中」が意味するのは，こうした行為的現在の内側に実践者が位置付いていることを意味するのである。したがって，一般的な時間概念とは異なり，過去の出来事が省察の発端であっても，実践者が状況を変えようとする限りにおいて，実践者にとっては「現在」，すなわち行為の中で省察しているのである。

③行為についての省察（reflection on action）

行為の中の省察とは対照的に，子どもから予想外の意見が出たときに「発問の内容が悪かった」と，教師は状況をすでに過ぎ去ったものとして捉え，新たな行為を試さずに自身の行為や見方を回顧することもあるだろう。ショーン（Schön, 1992a）は，これを行為についての省察と呼び，「行為の中の知または行為の中の省察で展開されたプロセスについて振り返ること」と定義している。とくに行為についての省察では，出来事を言語化したりシンボル化したりすることが必要とされている（Schön, 1987b）。

具体例として，教師が学校から家に帰りながら，子どもの予想外な質問に対する自身の対応や当時の思考プロセスを振り返る場面が挙げられている（Schön, 1992a）。つまり，行為についての省察は，すでに完了した行為や思考プロセスについて回顧することによって，その意味を理解したり説明したりすることである。このように現象の理解あるいは説明に留まるため，行為についての省察は，将来直面する状況に寄与するといったように間接的な影響はあっても，状況に直接的に影響することはないのである（Schön, 1987a）。

（2）リフレクションの概念を明瞭化する二つの問い

以上のリフレクション概念を整理すると表 4-1 のようになる。以上を踏まえ，ここでは，リフレクションの概念を明瞭化するために，二つの問いを考えてみたい。そして教師教育においてリフレクションが意味することにさらに迫っていきたい。

①リフレクション概念は授業の 3 フェーズで区別することができるのか

教師教育において最も多く見られるリフレクションの解釈は，授業中の思考を行為の中の省察，授業後の振り返りを行為についての省察として捉える見方，すなわち，授業の実施と評価というフェーズでリフレクション概念を区別する見方である。この見方に基づけば，ショーンのリフレクション概念は，授業中と授業後のリフレクションは説明できるが，授業計画といった授業前のリフレクションを扱うことはできないことになる。しかし，授業の設計段階は教師の思考過程，思考内容研究においても重要である。そこで，未来の行為を考えたり，事前に授業で起こりうることを熟考したりする，行為のための省察（reflection for action）が新たな概念として提案された。

表 4-1　ショーンのリフレクション概念

	行為の中の知	行為の中の省察	行為についての省察
定　義	ある状況に対して日常の習慣的行為（認知・行為）を遂行することによって表出される知	習慣的行為では対応できない予期せぬ結果に気づき，行為の中の知を再構築するプロセス	言語化・シンボル化を通して，行為の中の知または行為の中の省察において展開されたプロセスについて理解したり説明したりすること
具体例	子どもの意見を板書で整理することができる，子どものつまずきに対応することができる，子どもの質問に答えることができる	発問に対して子どもが予想外な反応をしたとき，教師がその場で別の発問や働きかけを試す中で，新たな見方や行為を構築する	子どもの予想外な質問を思い出しその意味あるいは当時の自身の対応や思考プロセスを振り返る
行為への意識	ほとんど意識しない	意識的になる	意識的になる
行為（状況）との関係	知は行為に埋め込まれている（知は状況に埋め込まれている）	省察は行為に埋め込まれている（省察は状況に埋め込まれている）	行為と省察は分離した関係（実践者は状況の外にいる）

（出所）筆者作成。

しかしながら，こうした授業の３フェーズとリフレクションを対応させることは的外れである。先述のように，行為の中の省察において「行為の中」が意味するのは，状況（行為的現在）の中にいること，つまり状況に影響を与えられる範囲内にいることである。そのため，授業後であっても教師が状況に影響を与えられると捉える限り，教師は行為の中で省察しているのである。さらに，行為の中の省察は，新たな見方や行為を再構築するプロセス，すなわち学びのプロセスであり，授業中のすべての場面において教師が学んでいるわけではない。したがって，行為の中の省察は，授業中にも授業後にも生起しうるし，その中でも新たな見方や行為を生み出しているときに生起するのである。また，行為についての省察は，確かに授業後にすることが多いものの，授業中にも生じる思考プロセスである。先述の，子どもから予想外の意見が出たときに「今回の発問が悪かったからだ」と授業中に回顧する場合がその一例である。

このように状況との関連によってリフレクション概念を区別するのであれば，授業計画時であっても，教師は行為の中の省察と行為についての省察の両方をしていると考えるべきである。たとえば，指導案の作成において，教師が授業の展開部分を書き加えた結果，導入からの流れがスムーズでないと感じ，自身の授業構成に意識的になり再検討することは，行為の中の省察で説明できる。実際に，ショーン（Schön, 1983）自身も，事例として都市プランナーが計画を立てるといった行為を，行為の中の省察によって説明しているという事実からも，行為のための省察が新たなリフレクション概念の提案として妥当ではないことが分かる。

したがって，授業の三つのフェーズによりリフレクション概念を区別することはリフレクション概念の誤解であると言えよう。もちろん教師にとって勝負の場は授業であり，授業中の思考が重要なトピックである点に変わりはないが，授業中のどの場面でリフレクションが生じているか慎重に吟味する必要があるだろう。

②行為の中の省察は熟練教師のみに可能なのか

行為の中の省察は，熟練教師のみによって可能な芸当として解釈されていることが多い（中村・浅田, 2016；佐伯, 2018）。たとえば，即時的に判断が求められる授業において，行為しながら省察するといった二つのことを同時に行うには，教師に高度な能力が求められるとされる。そのため，初任者教師には，そうした器用な芸当はできず，熟練教師にのみ可能なものとして捉えられる。

こうした解釈は心身二元論に基づく見方であり，ショーンの主張を誤解している。ショーンは，先述のライル（Ryle, 1949）の知識観を引用していることからも分かるように，行為することと知っていること（あるいは省察すること）を同時にしているのではなく，行為することの中に知や省察が埋め込まれているのである。そのため，初任者教師であっても行為に何らかの知や省察が埋め込まれていると解釈すべきである。実際にショーン（Schön, 1983）は，デザイナーの事例において，熟練デザイナーだけでなく，初心者による行為の中の省察を記述していることからも間違った解釈であることが分かる。

したがって，行為の中の省察は，熟練教師にのみ可能なものではなく，初任者教師であろうと実習生であろうと誰でも可能であると言えよう。むしろ問題となるのは，第 1 節で述べたように教師によってリフレクションの機能に違いがあることであり，行為の中の省察のプロセスにおいて，どのような相互作用の方法が教師の学びを深めたり，制約したりしているかを考えるべきである。

3　教師としてリフレクションを行うために

以上のようにリフレクション概念の定義について言及したが，教師の学びにおいてリフレクションが十分に機能するための要件に関しては説明してこなかった。ここでは，反省的実践家の教師としてリフレクションを行うために，どのようなことが求められるのかについて考えることにしたい。

(1) リフレクションにおける授業認知の重要性

ラスら（Russ et al., 2016）によれば，教師の学びへのアプローチには 2 タイプあるとされている（図 4-2）。一つは，教師の学びに影響を与える外部要素に

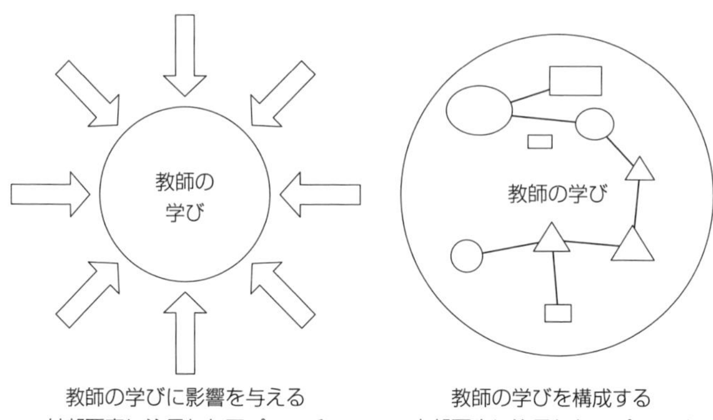

図 4-2　教師の学びに対する二つのアプローチ

（出所）筆者作成。

注目したアプローチであり，外部環境（たとえば，ビデオの使用や教師のコミュニティ）が教師の学びにおいていかに機能したかを検討する。もう一つは，教師の学びを構成する要素，すなわち内部要素に注目したアプローチであり，教師の学びに直接関わる要素や学びのプロセスを検討する。現代の学習科学では後者のアプローチをとるとされているが，両者は互いを排除するものではなく，教師の学びに関わる内部プロセスを解明することが，最終的には外部要素による働きかけの改善に寄与するとされている。上記のアプローチと照らし合わせると，リフレクション研究の多くは，教師の学びを促進するためのツールやコミュニティに偏重し，それゆえに，なぜリフレクションに機能不全が生じているのか十分に吟味されてこなかったように思われる。したがって，教師としてリフレクションを行うためには，まずはリフレクションの内部プロセスを理解することが必要である。

反省的実践家の中核である行為の中の省察のプロセス（先述の図 4-1 を参照）に注目してみると，リフレクションの内部要素として，授業の相互作用において教師がいかに授業状況を認知するか（以下，授業認知）が重要であることを指摘することができる。その理由は二つあり，一つは，行為の中の省察が生起する上で授業認知がきっかけとなるからである。ショーン（Schön, 1992b）によれば，予想外の状況は，実践者がそれに気づくことによって初めて直面するとされている。ここでの「気づく（notice）」の意味は，ある対象が存在することに注意を向けるだけでなく，意味付けることも含まれる。つまり，行為の中の省察が生起しないのは，教師が子どものサインを見落としたり，それを予想外として意味付けなかったりしたためであると説明される（すなわち，図4-1の(1)から(2)に進むためのプロセスにおいて重要となる）。二つ目の理由は，行為の中の省察における状況への働きかけ方に授業認知が関係するからである。たとえば，ショーンとウィギンス（Schön & Wiggins, 1992）は，デザイナーが省察的な相互作用をすることにおいて，見ること（seeing）の重要性を主張している。デザイナーは，環境がどのように見えるかに協応して働きかけを行うため，それに応じて働きかけの結果から学ぶ内容も方向付けられるのである（すなわち，授業認知の仕方に応じて図4-1の(2)から(4)のプロセスが方向付けられる）。

以上を踏まえると，行為の中の省察の内部プロセスにおいて，授業認知は重要な位置付けであることが分かる。そこで以下では，筆者がこれまで取り組んできた研究を手がかりにしながら，実際に教師がどのように授業を認知し，それが行為の中の省察とどのような関係があるのかについて考えてみたい。

（2）教師はどのように状況を読み解き，学んでいるか

授業過程において教師はどのように状況を読み解き，学んでいるのだろうか。ここでは，カーターら（Carter et al., 1988）の写真スライド法を援用し，教師の授業認知を調査した研究を紹介したい（中村・浅田，2017）。具体的には，小学校社会科の授業動画から100枚の写真スライドを抽出し，1枚につき3秒で次のスライドに切り替わるフォトムービーを作成する。教師は事前に指導案を確認した上で，スライドを見ながら重要な場面に感じたスライド番号をメモし，①スライドのどこに注目したか，②なぜ重要だと考えたのかを記入する。教師を教職経験年数ごとに初任者教師（1～4年未満），若手教師（4～9年目），経験教師（10年目以上）に分類して検討した結果，次のような授業認知の特徴が見えてきた。

表 4-2　注目箇所のカテゴリー

カテゴリー	定　義	記述例
児　童		
視　線	児童の視線や身体の向いている方向	先生を見ていない／発表者を見ていない
姿　勢	児童の姿勢・座り方	手前の児童（2人）の姿勢が悪い／足くみ
表　情	児童の顔の表情	あくび／笑っている／えがお
位　置	児童の存在する場所（起立・離席）	立ち歩き／離席している児童
挙　手	挙手・ハンドサインといった児童の意志表示	挙手をしている子／全員が挙手している／ハンドサイン
相互作用	児童同士のやりとり	グループでの話し合い／ふざけ・おしゃべり
教　師		
方　向	教師の視線や身体の向き	教師の視線／書きながら話している
サイン	教師のハンドサイン・合図	先生の手のうごき／指・手等で指し示す
介　入	教師と児童のやりとり・机間指導	先生が児童についている／スキンシップで注意している
情報提示	板書や教材の提示	板書／モニターで気候図を見せているところ
学習環境		
座席配置	机や座席の配置	席の隊型
も　の	教室に存在するもの（ごみ・衣類・バケツ・文庫）	教室前方にゴミらしきものが落ちている／椅子にかかった服

（出所）中村・浅田（2017）より。

教師の注目箇所に関して，帰納的にカテゴリーを作成し（表 4-2），それを基に該当人数の割合を教師群ごとに算出した結果（図 4-3），教職経験年数の多い教師群になるにつれて，児童の視線や表情に注目し，他方で教職経験の少ない教師群は，児童の姿勢に注目する傾向が見られた。非言語行動研究において，表情は人間の情動を知る上で正確な信号システムであり，とくに人間の視線は，顔の他の領域よりも正確に情動を表す情報源であるとされている（Ekman & Friesen, 1975；Richmond & McCroskey, 2003）。実際に経験教師は，「学習にくいついている」「飽きている」と意味付けており，表情や視線から情動を読み取っていた。それに対して，教職経験の少ない教師群は，姿勢から「授業のやる気がない」といった情動に結びつける傾向にあるが，姿勢行動は情動を読み取る指標として視線や表情ほど精度が高くないとされている。このように，教師は授業経験を通して，教室環境から精度の高い情報源を選択していると考えられる。

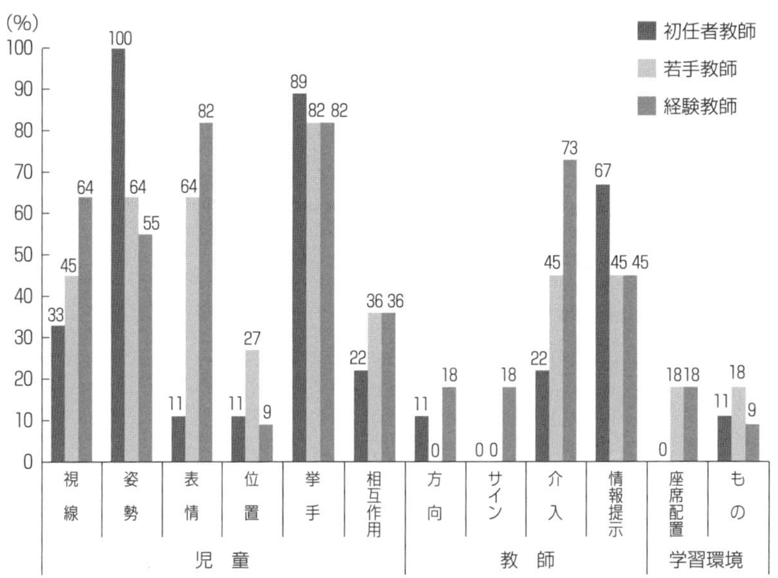

図 4-3　注目箇所の比較

（出所）中村・浅田（2017）より。

図 4-4　スライド71の授業場面

それでは，同じ箇所に注目した場合，教師の意味付けは共通するのだろうか。図 4-4 は，どの教師群も共通して注目した写真スライドで，表 4-3 は，各教師の意味付けを示したものである。スライド71は二番目の展開における発問直後の場面であり，複数の児童が挙手している姿が見られる。興味深いのは，どの教師も児童の挙手に注目しているにもかかわらず，経験教師群の何名かは，以前の場面と関連付け（例：同じ児童が挙手しているように感じた），指導案からの予測に基づき状況を捉えていた（例：発問の組み立てとしては易→難のはずだが，前半の挙手が少ないのに，ここにきて全員が分かる問い）。この読み取りは，スライド71の情報のみでは読み取れない意味付けであった。一方で，同じ経験教師群であっても，具体的な記述内

表4-3　スライド71における意味付けの比較

教師	経験年数	どうして重要・問題と考えるのか	以前の場面との関連付け	指導案からの予測に基づく記述
A	2年目	（ハンドサインで）児童一人一人が意見や考え方を表すことができるから。消極的な児童にも活躍の場や，参加できる場面があることが大切だと思う		
B	3年目	6時間目である本時でも挙手が多く，児童の意欲が感じられる。児童一人一人が気付いたことを発表したいと思っている。気付いたことなので児童も手を挙げやすく，低次の児童でも活躍できる場を設けている		
C	3年目	手を挙げている児童もいればさげている児童もいる。何をする時間		
D	3年目	（手で合図をしていて）発表する時にきまりがあるようにみえた		
E	4年目	（グー・パーの手の上げ方の違いに）何か意味があるのか		
F	6年目	積極的に発表していた。子どもの参加は素晴らしいことだと思う		
G	8年目	手がグーになっていたが……。ハンドサインを使っている？		
H	10年目	児童の積極的な姿		
I	10年目	スライド31と同じだが，ほとんどの子が答えられる易しい発問の時に，どんな進め方をするか。全員が達成感を味わえるような，手立てを考える。全員起立，答えて座る。隣同士で確認，グループで一つにしぼる。ノートに書く	✓	✓
J	14年目	ここへ来て，これだけの参加率は子どもにとって適度な教材だと言える	✓	✓
K	17年目	発問の組み立てとしては，易→難のはずだが，前半の挙手が少ないのに，ここに来て全員が分かる問い	✓	✓
L	19年目	全員に近い児童が手を挙げ，教師の質問に意欲的にこたえようとしているから		
M	21年目	同じ児童が挙手しているように感じた。発表する挙手以外に知っている・きいたことがある等	✓	
N	21年目	学習への意欲的な参加が見られる。（グー・パーの合図によって）教師も児童理解に役立てることができる		
O	29年目	集中して手を挙げている。教師や友だちの話をきいているようにみえる		
P	33年目	問題をどう捉えたのか，学習したことの確認が大切，この後まとめに移行するのだと思う		

（出所）中村・浅田（2017）より。

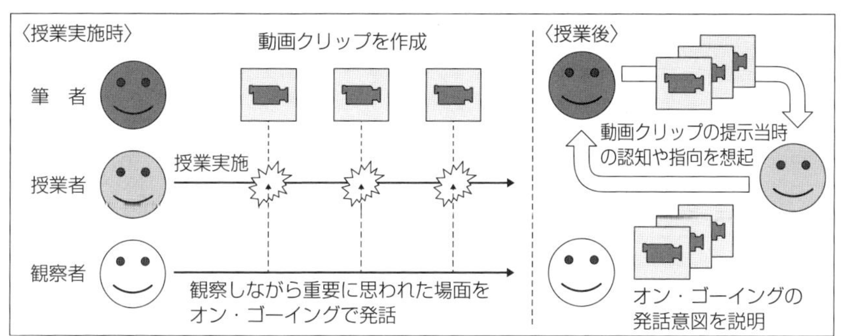

図 4-5　研究手続き

（出所）筆者作成。

容を見てみると，状況をポジティブに捉える教師もいれば，ネガティブに捉える教師もいるように，その意味付けは多様である。このように授業認知は教師によって多様性があるものの，授業の見方に一定の特徴が見られた。

次に，こうした授業認知の特徴と行為の中の省察の関係性について，もう一つの研究を手がかりとして探ってみたい（中村・浅田，2018）。ここでは道徳の授業を題材として，生田（1998）のオン・ゴーイング法を用いて，授業観察中に経験教師（退職校長）が重要であると認知した場面を抽出し，その場面における授業者の当時の認知および思考内容について授業者に想起させた（図 4-5）。

その結果，初任教師は一時点的に授業事象を認知する傾向があり，行為の中の省察を通して生み出す行為や見方が限定的になることが示された。その一例として，授業の二つ目の発問「家族ってなんだろう」において，教師は「自分の生活を振り返ってみて，家族，家族ってどんなものかな，（児童が挙手しないのを見て）どう，何だろう，ちょっと何だろうって感じたことがある人。今日のお勉強と自分の生活を振り返ってみて，家族ってこういうものだなって感じたことがある人」と述べ，児童の反応を見ながら，発問の意味が伝わるように言葉を変えている場面があった。当時の思考内容としては，「ここの発問はなんか前も言ったけど抽象的な感じで，なんかこうどうすればいいかなっていうのがありました。子どもも最初ちょっと手が挙がらなくて迷っているな。でも，こういうものだよねって例を出しちゃうとたぶんそれになっちゃうと思ったので，どういうふうな発問にすればよかったかなあと」と語った。授業の改善点として「なんかこう発問を考えていきたい。子どもが迷わないような発問を。しっかりと考えやすい発問とかができたらいいなって」と振り返った。

それに対して経験教師は，観察中に「せっかくそこまで考えたのに『家族って何だろう』か，家族ってなんなのかな，うーん，家族っていいなってちょっと（これまでの意見の盛り上がりが）下がるんじゃないかなって気がするんだな」と述べた。授業の改善点として「この発問がいいとか悪いとかじゃないんだよ。その授業の流れからすると，下がる可能性もあるかなと思ったから，ここはそのクラスによって程度の高かったりレベルの高い言葉にしてもいいかな」と説明した。

このように，同じ授業場面を問題と思っているにもかかわらず，授業改善の方向性がまったく異なっているのである。初任教師は，発問直後の反応をきっかけに，問題の原因が発問の内容にあるとして，最適な発問について探究している。それに対して，経験教師は，授業の流れを認知した上で，発問と流れがミスマッチであると捉え，授業状況に応じて柔軟に発問を変える必要性を指摘している。つまり，この初任教師は問題状況を点で捉えて授業を改善しているのに対し，経験教師は線で捉えて授業の改善点を示唆しているのである。この研究において，どちらの教師による授業改善の方向性が正しいか結論付けられるものではない。しかし，少なくともこの経験教師は，より多くの認知事象を統合しながら思考している点で，この初任教師にできない，高次レベルの行為の中の省察ができるのではないだろうか。

4　学び続ける教師とリフレクション

最後にこれまでの内容を踏まえながら，反省的実践家として学び続ける教師になるために，リフレクションにおいて教師に求められることについて考えてみたい。

第一に，教師が高次レベルのリフレクションをするためには，授業認知の仕方が重要となる。筆者の研究で示されたように，行為の中の省察は，授業状況をどのように認知するかによって異なり，その認知の仕方は教師によって多様であった。一つの違いは，授業認知の情報源であった。たとえば，ある教師は，机に顔を伏せ続けていた子どもが，真剣な表情で前のめりになっている変化を感じ取っているのに対して，別の教師は，その子どもの姿勢のみに注目し，常にやる気がなく，教師への態度が悪い子どもと捉えている。もちろん子どもの姿勢は授業規律が守られているか判断する上で重要な情報源である。しかし，そればかりに注目してしまうと姿勢以外から読み取れる子どもの学習状況を見落とし，不合理なレッテルを子どもに貼り，教師の学びが停滞してしまうのではないだろうか。そして，状況の読み取り方も異なっていた。教師によっては，授業展開や子どもの反応を十分に予測せず，ほんの一時点の認知を手がかりにリフレクションすることもある。それゆえに，本質的な問題構造を十分に捉えきれないまま自身の行為や見方を変えてしてしまうこともあるだろう。こうした授業認知の仕方を改善し，学び続ける教師になるためには，自身の授業認知を対象化して吟味することが一つの手立てとして考えられる。近年では，教師同士で授業ビデオを見せ合い，自身の見方や手立てを検討するビデオクラブという方法が提案されているが，先述のように学び合いの場を提供するのみでは，必ずしも教師の深い学びが生じるとは言えない。こうした場を意味のあるものにするには，たんに授業の印象を共有し合うことに留まるのではなく，どのような情報から授業状況を読み取ったのかを説明し，お互いの授業認知の仕方を相対化し吟味し合うことが必要であると言えよう。

第二に，状況の中で熟慮的に認知する機会を提供することによって，リフレクションのきっかけをつくることが重要となる。なぜなら，現実の授業では，時間とともに状況が刻々と変化し，授業認知の仕方をいくら意識的に変えようとしても，思うようにできないこともあるからである。教師がリフレクションをするためには，予想外の状況として意味付けられることが何よりも必要であるため，状況の中で認知を留保できる場が必要である。たとえばランパートら（Lampert et al., 2013）は，(1)観察，(2)共同分析，(3)準備，(4)リハーサル，(5)教室実践，(6)共同分析によるサイクルによって授業実践力を高める場を提供している。ここで核となる活動はリハーサルであり，教師教育者が現実的な子どもの反応を提示しながら，実習生に授業をシミュレートさせ，適宜中断しながら授業を議論する。それは授業技術の訓練を中心としたマイクロティーチングと異なり，多様な状況に対する見方や判断を自ら学ぶことを目的としている。こうした場は，状況の渦中で授業を中断することができるため，熟慮的に認知する機会として役立つだろう。

ショーン（Schön, 1987a）は，リフレクションは教えられない，コーチするものであると述べている。つまり，反省的実践家になるためには，他者の助けを得ながらも，何よりもまず自ら実践の見方・やり方を変革しようと試みることが必要である。近年の教員養成プログラムでは，実践経験を増やす傾向にあるが，経験の量を確保するだけでは教師の学びを十分に保証できるとは言い難い。反省的実践家としての教師を養成するためには，授業認知を一つの手がかりとした，経験の質それ自体を問い直し続けるための場づくりが鍵となる。

さらに学びたい人のための図書

ショーン，D.／佐藤学・秋田喜代美訳（2001）『専門家の知恵』ゆみる出版。

ショーン，ドナルド・A.／柳沢昌一・三輪健二監訳（2007）『省察的実践とは何か』鳳書房。

▶ショーンの代表的な著書であり，建築デザイナー，都市プランナー等，さまざまな専門領域の事例を踏まえて，反省的実践家の理論について説明されている。

佐伯胖・刑部育子・苅宿俊文（2018）『ビデオによるリフレクション入門――実践の多義創発性を拓く』東京大学出版会。

▶ショーンのリフレクションを理論的枠組みとして，教師の学びを支えるためのビデオ開発と活用のあり方について論じられている。

ゲーリー・ロルフ／塚本明子訳／ゆみる出版編集部編（2017）『看護実践のアポリア―― D・ショーン《省察的実践論》の挑戦』ゆみる出版。

▶たんなる過去の振り返りを強調したリフレクションの解釈を脱し，リフレクション本来の意味と看護教育のあり方について熟考されている。

引用・参考文献

生田孝至（1998）「授業を展開する力」浅田匡・生田孝至・藤岡完治編『成長する教師』金子書房。

佐伯胖（2018）「リフレクション（実践の振り返り）を考える」佐伯胖・刑部育子・苅宿俊文編『ビデオによるリフレクション入門――実践の多義創発性を拓く』東京大学出版会。

中央教育審議会（2012）「教職生活の全体を通じた教員の資質能力の総合的な向上方策について（答申）」[https://www.mext.go.jp/b_menu/shingi/chukyo/chukyo0/toushin/1325092.htm]。

中村駿・浅田匡（2016）「リフレクションとは何か」『日本教育工学会第32回全国大会講演論文集』471-472。

中村駿・浅田匡（2017）「写真スライド法による教師の授業認知に関する研究」『日本教育工学会論文誌』40(4)，241-251。

中村駿・浅田匡（2018）「オン・ゴーイング法による授業認知に基づく授業者の行為の中の省察に関する事例研究」『日本教育工学会論文誌』41(4)，477-487。

脇本健弘・堀田龍也（2015）「タブレット端末付属のカメラ機能を活用した教師の『セルフリフレクション』に関する調査――撮影対象とその効果に関する分析」『日本教育工学会論文誌』39(Suppl.)，117-120。

Abou Baker El-Dib, M. (2007) "Levels of reflection in action research. An overview and an assessment tool", *Teaching and Teacher Education*, 23, 24-35.

Akbari, R. (2007) "Reflections on reflection: A critical appraisal of reflective practices in L2 teacher education", *System*, 35, 192-207.

Carter, K., Cusbing, K., Sabers, D., Stein, P., & Berliner, D. (1988) "Expert-Novice Differences in Perceiving and Processing Visual Classroom Information", *Teaching and Teacher Education*, 3(2), 147-157.

Cherrington, S. & Loverridge, J. (2014) "Using video to promote early childhood teachers' thinking and reflection", *Teaching and Teacher Education*, 41, 42-51.

Clarà, M. (2015) "What is reflection? Looking for Clarity in an Ambiguous Notion", *Jounal of Teacher Education*, 66(3), 261-271.

Clark, C. M. & Peterson, P. L. (1986) "Teachers' Thought Processes", In Wittrock, M. C. ed., *Handbook of Research on Teaching* (3rd ed.), New York: Macmillan, pp. 255-296.

Dewey, J. (1933) *How we think*, Boston: D. C. Health & Co.

Ekman, P. & Friesen, W. V. (1975) *Unmasking the Face*. New Jersey: Prentice-Hall. エクマ

ン，P.・フリーセン，W. V.／工藤力訳編（1987）『表情分析入門』誠信書房。

Husu, J., Toom, A., & Patrikainen, S.（2008）“Guided reflection as a means to demonstrate and develop student teachers' reflective competencies”, *Reflective Practice*, 9(1), 37-51.

Krutka, D., Bergman, D. J., Flores, R., Mason, K., & Jack, A. R.（2012）“Microblogging about teaching: Nurturing participatory cultures through collaborative online reflection with pre-service teachers”, *Teaching and Teacher Education*, 40, 83-93.

Lampert, M. et al.（2013）“Keeping it complex: Using rehearsals to support novice teacher learning of ambitious teaching”, *Journal of Teacher Education*, 64(3), 226-243.

Polanyi, M.（1966）*The Tacit Dimension*, New York: Doubleday. ポランニー，M.／高橋勇夫訳（2003）『暗黙知の次元』ちくま学芸文庫。

Richmond, V. P. & McCroskey, J. C.（2003）*Nonverbal Behavior in Interpersonal Relations*, Boston: Allyn & Bacon. リッチモンド，V. P.・マクロスキー，J. C.／山下耕二編訳（2006）『非言語行動の心理学』北大路書房。

Russ, R. S., Sherin, B. L., & Sherin, M. G.（2016）“What Constitutes Teacher Learning?” In Gitomer, D. H. & Bell, C. A. eds., *Handbook of Research on Teaching*, Washington: American Educational Research Association, pp. 391-438.

Ryle, G.（1949）*The Concept of Mind*, London: Hutchinson. ライル，G.／坂本百大・井上治子・服部裕幸訳（1987）『心の概念』みすず書房。

Schön, D.（1983）*The Reflective Practitioner: How Professionals Think in Action*, New York: Basic Books.

Schön, D.（1987a）*Educating Reflective Pratitioner*, San Francisco: Jossey-Bass.

Schön, D.（1987b）*Educating the Reflective Practitioner*, Transcription of presentation to the John Dewey Society at the meeting of the American Educational Research Association, Washington, DC. [https://resources.educ.queensu.ca/ar/schon87.htm]

Schön, D.（1992a）“The theory of Inquiry: Dewey's Legacy to Education”, *Curriculum Inquiry*, 22(2), 119-139.

Schön, D.（1992b）“Educating for Reflection-in-action”, In Choukroun, J. & Snow, R. eds., *Planning for Human Systems: Essays in Honor of Russell L. Ackoff*, Philadelphia: University of Pennsylvania Press, pp. 142-161.

Schön, D. & Wiggins, G.（1992）“Kind of Seeing and their functions in designing”, *Design Studies*, 13(2), 135-156.

Zeichner, K.（1996）“Teachers as reflective practitioners and the democratization of school reform", In K. Zeichner, S. Melnick, & M. L. Gomez eds., *Currents of reform in preservice teacher education*, New York: Teachers College Press, pp. 199–214.

第5章

教師の生涯発達と師道

——教師のライフコースを考える——

川村　光

1　教師として生きること

（1）2000年代以降の教師教育改革

2000年代以降，教師の成長に影響を及ぼすさまざまな政策が打ち出されている。

2008年から教職大学院が国立大学を中心に設置され，大学院レベルでの教員養成が行われるようになってきた。その目的は，即戦力となる新人教師の養成と，学校において中心的な役割を担うミドル・リーダーの育成といった，実践的力量を備えた教員育成を行うことである。しかし，教職大学院の数は2018年現在54大学であり，教職課程を有している大学数が数百校あることから考えるとかなり少ない。大学院レベルにおいて現在と将来の学校運営にあたって中心的に活躍できる一部の教師の養成・育成と，学部レベルでの教師の養成という二重構造で日本の教員養成・育成は行われている。

また，教員養成カリキュラムが変更された。それによりカリキュラムが大くくり化され，教職課程コアカリキュラムが設定された。教職課程の各科目では，受講者が国家によって設定された目標に到達するような授業が求められる。既存の目標を達成することをめざす教師が養成される。また，教育実習の長期化や学校インターンシップの普及により，より実践的な指導力を有する教員養成にシフトしている。学校現場重視の教員養成制度改革が行われ，実践的指導力を有する教師が養成されるようになった。

さらに，各教育委員会は大学などの協力のもとに教員育成協議会を設置し，教員育成指標を作成している。その指標にそうかたちで教員研修体制を再整備しており，教師が教育委員会から要求される資質・力量を計画的に修得できるシステムが構築されてきている。また，その指標の一部は，教職志望学生が教員採用時までに修得しておくべき基礎的資質・力量となっており，教職課程を有する大学はそれを意識した養成教育を行うことが重要になってきている。また，教職員支援機構による教員育成のサポート体制が構築されてきており，養成，採用，研修を一体にした教員育成が全国レベルで整備されてきている。

そこで本章では，制度的に重要視されている教師の成長に関わって，教師の生涯発達について検討していきたい。まず，「生涯発達」の概念について記述したのち，それに関する先行研究を整理して紹介する。次に，先行研究の知見をもとに教師の生涯発達を描く。最後に，生涯発達の今日的特徴とその課題について記述し，教師の成長について検討する。

（2）教師の生涯発達

教師の成長を捉える概念として教師の「生涯発達」がある。それは，「個人が教師を志望してから職業準備教育を受け，資格を取得し，採用試験に合格して教職に就き，教職生活を積み重ねて退職するまでの間に，個人としての教師に生じた変容の過程」として定義することができる（今津，2017）。

生涯発達の概念は，教師が中途退職も含め，退職して教職生活を終了するまでの変容過程を捉えるものであり，生身の「人間」，職業人としての「教員」，専門職としての「教師」を統合した，個人の全体的な自己に着目したものである。その発達の過程には，価値的に望ましい変化がある。それは，教師が自身の専門性を深め，力量の質を向上させるような方向性のものである。一方，望ましくない変化もある。それは，教師が教職にうまく適合できず，教職アイデンティティの揺らぎを経験したり，教職を続ける意欲を喪失したりするものなどである。

教師の生涯発達研究のモデルとしては，生涯発達心理学の観点から，教職経

表 5-1　生涯発達心理学分野における教師の生涯発達研究の主なモデル

名　称	変化方向イメージ	主に研究されてきた面
成長・熟達モデル	プラス 経験	特定の授業技能や学級経営技能・実践的な知識や思考過程
獲得・喪失両義性モデル	獲　得 喪　失 経験	知識・思考，生徒との対人関係，仕事や学びへの意欲
人生の危機的移行モデル	プラス ライフコース	環境による認知的・対人的葛藤と対処様式，自我同一性，発達課題，社会文化の影響
共同体への参加モデル	周辺 十全 共同体	集団における地位・役割，技能，語り口，思考・信念様式，共同体成員間の相互作用

（出所）秋田（1999）

験年数を経るごとに実践的知識や技能を修得していく成長・熟達モデル，年数を積み重ねていくことによって獲得する能力がある一方で失うものもあるという獲得・喪失両義性モデル，教職生活の中でさまざまな危機的状況に遭遇しつつ歩んでいくという人生の危機的移行モデル，教師文化共同体の周辺部から参加し次第に中心的メンバーになっていくという共同体への参加モデルがあげられる（表 5-1 参照）。次節では心理学，社会学，歴史学，民俗学などと重なりを持ちながら知見を蓄積し発展してきた教師の生涯発達モデルについて研究領域別に整理していく。

2　教師の生涯発達に関する研究の系譜

（1）教師の職業的社会化研究

教師の生涯発達に関する先駆的な研究として職業的社会化研究がある（耳塚他，1988)。教師の職業的社会化とは，将来従事する，または現在従事している教職の地位・役割達成に必要とされる知識・技能・価値規範を獲得し，その職業への一体化を確立していく過程のことである（今津，1979）。

その研究は1970年代以降，盛んに行われるようになった。その背景には，社会化研究が子どもの社会化の延長上に大人の行動様式やパーソナリティを位置付けるようになり，大人の社会化に関心がよせられるようになったことがあげられる。しかし，1990年代から職業的社会化研究は後述する教師のライフコース研究などに体系化され，近年は研究成果が散見されるものの停滞期にある。

教師の職業的社会化は，教職に就くまでの過程を扱った予期的社会化と，入職後の過程を対象とした就職後の社会化に分けられる。前者については，入学動機や教職志向度といった役割遂行に対する動機づけに関する研究（伊藤，1980；太田，2010など）と，教師役割の受容に関する研究（今津，1979など）がなされている。後者については，同僚との調和を優先する教師文化を明らかにした研究（永井，1977）など，教師集団内の規範や文化の解明に焦点をあてた組織的社会化に関する研究や，管理職と非管理職といった分類などからキャリア・パターンに注目した研究（河上，1977など）がある。

以上の研究には人が教師役割を次第に獲得していく成長・熟達モデルを志向しているものが多いものの，2000年代以降になると，教師文化を担う共同体の一員としての参入といった視点を有した共同体への参加モデルを志向するものも登場した。その研究では，たとえば教師が集団の歴史的背景を基礎とした教育実践に参加し，状況に埋め込まれた学習を行っていること（西，2018）などが明らかにされている。

また，1970年代以降の中央教育審議会答申などの政策動向の中で，教師の資質・能力が養成・採用・研修の過程において段階的に形成されるものとして捉えられるようになり，1980年頃から教師の職能成長に関する研究（岸本・久高，1986など）も行われるようになった。その研究では，研修との関わりで教授的力量，生徒指導能力，経営的力量の内容や形成を究明している。2000年代以降も継続的に知見が蓄積されるとともに，職能成長のゆらぎや，ライフコース研究との関連研究もなされるようになってきている（山﨑，2009）。これらの研究は教員研修の体系化や職位による職能成長の筋道といった制度的な成長・熟達モデルの検討を主要な目的とし，その他の就職後の社会化を取り扱う研究と異なっている。

（2）ライフサイクル研究

教師の生涯発達をパターン化した研究としてライフサイクル研究がある。それは，エリクソン（1977）やレビンソン（1992）といった心理学における発達段階論をベースにしている。その志向モデルは，成長・熟達モデルといった教師が発達していくものだけではなく，停滞や危機的状況などを含む段階設定がなされた複数のパターンを想定したものである。

ライフサイクルの研究は，家庭生活などの私的側面，世代，時代などの観点を排除しており，また段階移行の区分の仕方に再検討を要し，蓄積された研究は必ずしも多くはない。だが，個人の教師としての歩みの規則性と，教師の直面する課題を捉えられるというメリットがあり，教師の個人史やライフコースなどといった生涯発達研究に影響を与えている。

教師のライフサイクルの代表的な研究としてヒューバーマン（Huberman, 1989）によるものがある。ヒューバーマンは教師の生涯発達の理論的基盤を構築することに関心を持ち，図 5-1 のように生涯発達の複数のパターンを描き出している。新任期といった教師としての生き残りとさまざまな発見の時期，その後の安定期を経て，最終的に退職していく筋道を構想している。

また，もう一つの代表的なライフサイクル研究としてサイクス（Sikes, 1985）によるものもあげられる。サイクスは中等教育学校教師を対象とした生涯発達に関する聞き取り調査結果をもとに，年齢によるステージを重視して教師のライフサイクル・モデルを構想している（表 5-2 参照）。

日本では紅林（1999）がこれまでのライフサイクル研究の知見をふまえて，中堅教師のライフステージに焦点をあてた研究を行っている。その中で中年期の教師が，結婚，出産・育児といったプライベートな生活の変化を経験するとともに，職位の変化による実践家教師から管理職教師への移行を経験すること

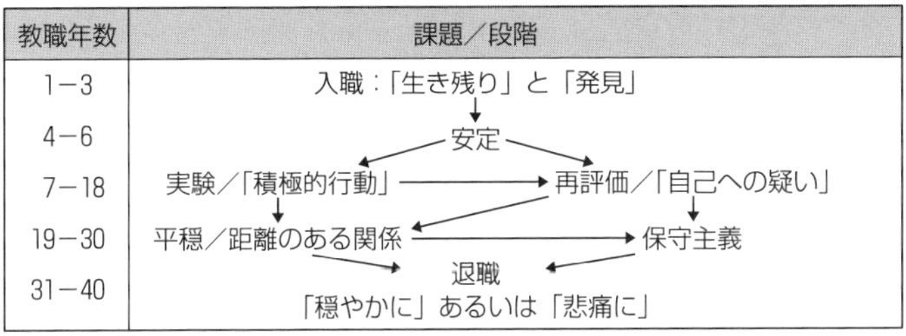

教職年数	課題／段階
1−3	入職：「生き残り」と「発見」
4−6	安定
7−18	実験／「積極的行動」 → 再評価／「自己への疑い」
19−30	平穏／距離のある関係 → 保守主義
31−40	退職 「穏やかに」あるいは「悲痛に」

図 5-1　ヒューバーマンの教師のライフサイクル・モデル

（出所）Huberman（1989）

表 5-2　サイクスの教師のライフサイクル・モデル

ステージ	年　齢	特徴と課題	
第一段階	21―28歳	探求と創造	
第二段階	28―33歳	教職アイデンティティの確立	
第三段階	33―40歳	旺盛な活力	バーンアウト
第四段階	40―50／55歳	高い士気	中年期の危機
第五段階	50―55歳	自由と寛容	退職

（出所）高井良（2015）が作成した表を Sikes（1985）の論文をもとに一部改変した。

から憂鬱になることを指摘している。

（3）教師の個人史に関する研究

これまで述べてきた職業的社会化研究は役割取得モデル，職能成長研究は技能取得モデル，ライフサイクル研究では発達段階モデルを志向している。いずれの研究も系統的，段階的に進んでいくモデルの構築がめざされている。そのような一元的モデルを志向する研究が蓄積されるなか，教師の生涯発達の多様性や個別性に注目した教師の個人史に関する研究も登場してきた。

1970年以降，社会学や教育社会学におけるパラダイム転換が起こり，量的研究だけでなく質的研究へ次第に注目が集まるようになった。また，教育学においてはカリキュラムから教師研究に関心が移行してきた。1990年代になると，欧米で教師のストレス増加の問題，早期退職の問題などが社会問題化し，さらに，加齢や教職年数が教師としての専門的成長つながっているとはいえず，従来の生涯発達理論では教師の発達を説明することが困難になってきた（高井良，2015）。一方日本では，教育改革や教師教育改革が行われ，教師を取り巻く環境が次第に変化していき，教師の生涯発達を検討する上で，社会的要因を考慮に入れることが重要になってきた。以上のように国内外を問わず，歴史的，社会的文脈の変化や個人としての教師の経験の質を視野に入れなくては，教師の生活を捉えることが困難になってきた。

上記の歴史的文脈の中で，1980年代に登場した教師個人に注目したライフヒストリー研究は発展してきた。その研究は個々の教師の語りの内容をもとに，彼らの人生と歴史の関係性を究明するものである。教師のライフヒストリー研究の先駆者であるグッドソン（2001）は，教師の生活の研究こそがカリキュラム研究と学校教育研究の中心であり，授業といった個人的なものの理解についてはその教師を個人として知ることが重要であると考えて研究を行った。また，教育分野におけるライフヒストリー・アプローチの有効性についても検討した（グッドソン，2006）。

日本においては，1990年代から研究がなされるようになった。高井良（1995）がライフヒストリー・アプローチを用いて教師の教育実践の硬直化が中年期の危機をもたらしていることを究明して以降，小学校・中学校・高校教師などのライフヒストリーから，昭和史（山﨑他，2003；滝川，2018），教育制度（塚田，1998），教師文化（川村，2009），ジェンダー（塚田，2002），教育実践（寺町，2014）など，学校教育研究の主要トピックが分析され，知見が蓄積されつつある。

さらに，2000年代以降はナラティブ研究に注目が集まり，ライフストーリー研究といった教師個人の語りの形式に焦点をあてたものも登場してきた。その研究は，語りを教師と教育研究者の相互作用によって生成された物語として捉え，その物語から教師の経験世界にアプローチしていく。代表的な研究として高井良（2015）のものがある。その研究では，中年期の高校教師の教職アイデンティティの危機がライフサイクル上の変化などによる自己アイデンティティの変容とともに，教育政策の動向や学校文化とそこから生じる教師の集合的アイデンティティの変容によって生じること，また，自己省察の機会と能力に恵まれた教師が，これまでの人生や教育のあり方に対する振り返りと残りの教職人生への気づきにより，アイデンティティの再構築に向けて歩みだすことを明らかにしている。

（4）教師のライフコース研究

教師のライフヒストリー研究が教師個人の人生に注目したものであるのに対し，教師のライフコース研究といった特定の時代に生きる教師集団の歩みを捉えるものも登場してきた。

ライフコース研究はエルダー（Elder, G. H.）によって始められた。1974年に彼は著書『大恐慌の子どもたち』で，アメリカにおける大恐慌を経験した子どもたちの人生を分析することから，その歴史的出来事が彼らの成人期の地位達成ルートや健康，価値観にインパクトを与えていることを究明し，人間と社会との相互作用を記述した（エルダー，1991）。

日本においてライフコース的な発想に基づき，教師研究を行った先駆者は稲垣忠彦である。稲垣（1958）は，長野県師範学校と信州大学教育学部を卒業して教師になった三つのコーホート（ある一定期間に生まれた人々の集団）の意識構造の比較分析を行い，主体性を持った教師から制度密着型教師への傾斜を読み取っている。

その後，稲垣は1974年に在外研究のためにアメリカに滞在していた時期にエルダーの著書に出合い，自分自身と類似する発想で研究を行った者がいることを知り，ライフコース・アプローチの示唆を受けた。そして，教師研究において1979年からの日本教育学会教師教育に関する研究委員会第一グループの調査研究（1983）で具体化した。それによって，日本の教師研究では歴史社会学から登場したライフコース・アプローチに，教師の専門的力量形成の観点が加わることになった。

その調査研究の成果が発表された後の1988年に，稲垣らは『教師のライフコース』を刊行した。その中では，1931年に長野県師範学校を卒業した教師たちが教師として昭和期をどのように生きたのかということが歴史と力量形成の観点から記述されており，教師教育を教師のライフコース全体に位置付けて考察することの重要性が示されている。その後，その研究に参加していた山﨑準二（2002, 2012）が，静岡大学教育学部を卒業して教職に就いた者たちの複数のコーホートを対象にライフコース研究を行った。その研究では，ライフサイクル研究が捨象していた歴史性，個人の多様性や多岐性，また，ライフヒストリー研究では捉えにくいコーホート性に焦点をあてている。

また，川村（2013a；2013b；Kawamura, 2016）はライフコース・アプローチの観点から継続調査を視野に入れ，複数の県の公立小・中学校教師を対象に力量形成に関する調査研究を行い，2010年代前半の教師の人生を捉えている。その一連の研究では，教師は世代や地域に関係なく類似した被教育体験を有し，また，入職後の力量形成のあり方も似たものになってきている可能性を示唆している。

前項で紹介した個人史に関する研究や本項で取り上げたライフコース研究は，教師の生涯発達を，危機的な状況を含むさまざまな出来事を経験しつつ歩む人生として捉えており，人生の危機的移行モデルを志向するものとして位置付けられる。しかし，それらの研究においては，教師が教職人生の中で得る能力がある一方で喪失しているものがあることに気づいたり，教師文化の中心的な担い手になっていく姿を捉えたりしたものもある。したがって，獲得・喪失モデルや共同体への参加モデルを含む，多様なモデルが志向されつつ知見が積み重ねられているといってよいだろう。

次節では，本節で取り上げた先行研究を中心とした生涯発達に関する知見に基づいて，教師の生涯発達を描いていく。

3　教師としての歩み

（1）子ども時代の経験

教師になることをめざす者たちは，大学での講義や教育実習といった養成期間における学習でのみ，教師としての資質や態度を身に付けていくわけではない。大学入学以前からそれらを意識的・無意識的に習得していく。

山﨑（2002）によると，教職に就いた者たちのおよそ半数には，教職に就いていた（就いている）親や親族がいる。また，親が教師であるとその子どもは教職を志望しやすい傾向にある（川村，2013a）。教師は子どもの頃から家庭生活において，教師の仕事，教師的態度や価値観に触れる機会を有しており，それらを日常的に習得できる環境にある。また，教師の多くは小学校・中学校・高校の教師の影響で教職を志望しており，大学入学以前に自らが理想とする教師と出会い，彼らを自身の教師モデルとして位置付けている様子がうかがえる。

さらに，教職志望学生の多くは子ども時代に宿題を必ずやり，校則を破らず，授業や学校行事に積極的に参加し，学校内でリーダー的な役割を担っており，また，教師との関係は良好・親密であったことが指摘されている（紅林・川村，2000）。そのように学校的・教師的な態度を子ども時代から身に付けることは，教職に就いたとき，向学校的ではない子どもへの対応に苦慮する側面はあるものの，学校文化の維持と教師役割遂行にあたって重要なことである。

教職を志望する者の多くは，高校時代までの日常的な家庭・学校生活の中で，学校的価値観・態度と教師役割を意識的・無意識的に習得したうえで，大学に進学する。

（2）大学時代の経験

大学においては，講義やさまざまな実習などフォーマルな経験と，クラブ・サークル活動，アルバイト，ボランティアなどインフォーマルな経験を通して，教師としての力量と資質を習得していく。

とくに，教育実習が教職志望の重要な契機となっている（山﨑，2012）。ある新任教師は，教育実習の経験を次のように語っている。

> 今から振り返って実習というのはなんやったんかなあと思うと，まず出てくるのはやっぱり『楽しかったなあ』ということです。……（中略）……授業を作るのは大変でしたが，でも子どもたちと遊んで笑って，こんな楽しい仕事はないよなと思

いました。でも今実際教師をして思うのは，あの実習はきれいな楽しい世界だけを見るものやなとも思います。……（中略）……目に見える形で今の私に残っているかどうかはわかりませんが，でも楽しかったという気持ちが心のどこかで大きな土台になっているんとちゃうんかなと思いました。（紅林・川村，2002）

上記の語りから分かるように，教育実習においては，学生は子どもたちと接する機会を多く持ち，彼らとの間で楽しい充実した経験をするとともに，丹念に教材研究を行い，授業をする。まさにその実習は教師としての醍醐味を味わう機会であり，教職に就いた者にとっては今日の教育実践を記憶の奥底から支えるものなのである。

また，2000年代に入ってからは，学生は教育実習以外にインターンシップやボランティア活動として学校へ行って授業のサポートをしたり，特別な支援の必要な子どもに関わったりしている。これらの機会を利用して，学校の課題や教師のさまざまな仕事を見たり経験したりする場合もある。また，家庭教師や塾講師などの経験を通して子どもたちと接する機会が増加している。大学時代の子どもと接する経験，とくにインフォーマルな経験が教職に就く者にとってこれまで以上に有意義なものになってきている（川村，2013a）。

学生は，大学入学以前の経験と大学時代の経験を通して，自らの理想とする教師像を創り上げていくと同時に，教師としての資質と実践力を身に付ける。

（3）「発見」と「生き残り」の新任期

教職志望学生が教師になると，子ども，保護者，同僚などから「先生」と呼ばれるものの，教師として一人前ではない。新任期は「発見」と「生き残り」の時期である（Huberman, 1989）。新任教師は毎日が初めてのことばかりで発見の連続であり，個々の子ども，学級，年間のカリキュラムなどについて多くのことを学んでいく。その一方で，多様な子どもたちに出会い，教室の秩序維持の難しさと授業実践の複雑さに直面し，リアリティ・ショックを受け，教師として生き残れるか模索する。近年，教職志望学生は教育実習だけでなく，学校ボランティアなどとして学校現場に入り，学校のリアリティを経験する機会が増加しているものの，新任教師にとって日々の教育実践は容易に遂行できるものではない。

新任教師は教育実践を遂行するにあたって初めて経験することばかりであるため，課題を克服することが困難で悩みを抱える。その場合には，同世代の教師や経験豊かなベテラン教師の存在が重要になる（川村，2013b）。年齢の近い教師は，新任教師として共通する悩みを持ち，気軽に相談することのできる存在である。新任教師は彼らと困難な経験を共有し，実践上の課題を共に克服していこうとする。また，ベテラン教師に悩みを相談し，彼らのこれまでの経験に基づいた助言・指導を得ることによって，教師として必要な力量を身に付けていく。

教師として生き残ることができると，次は安定期に入る。教職に就いた頃は模索しながら子どもと関わり，教室の秩序構成と維持に手一杯であったのに対し，５年程度教師経験を積むと，学校の一年間の流れやさまざまな年齢の子どもの実態などについて把握できるようになってくる。教育実践に余裕が徐々に生まれてくる。

（4）中堅期における積極的な教育実践と危機

教師は10年くらい教育実践を続け中堅期に入ると，次第に自律的に振る舞えるようになり，授業実践を工夫したり，精緻化したりしていく（Huberman, 1989）。また，新たな教育実践を実験的に試みる。こうして自分らしい授業実践のあり方を探究していく。

また，教育実践にゆとりが出てくる分，これまでの自らの教師としての歩みを再吟味する余裕ができるために，教師としてのアイデンティティが揺らぐ場合がある。この状態が深刻になると，教師は危機に直面することになる。中堅期は，長年の教職生活の中で形成された教師，子ども，学習などの関係が硬直化していく頃であり，そのことが教師に危機をもたらすことがある（高井良，1995）。また，諸関係の硬直化が進行せずとも，教職の持つ「不確実性」（佐藤，1994）という特徴が教師を危機に陥れる可能性もある。以下の教職歴19年の教師の語りから，教育実践に対する確かな評価が存在しないゆえに，彼の教育実践が対外的に評価されつつも，彼がその実践に対して自信喪失に陥っていく姿が読み取れる。

（教育実践研究発表大会の報告者として）呼ばれたりするんやけど，自分としてはなんか使い勝手いいように使われているだけでな，なんか悲しい，ずーっと続けていること，学級経営だとか，こういう思いで実践しているっていうのがなんか報われないのよね。評価，正当に評価されているんやろか，自分ってやっぱりあかんねやろかって思う。……（中略）……がんばるんだけども，なんかもうひとつしっくりこない。（川村，2003）

さらに，教師は結婚，出産，育児を経験し，教師以外に親としての視点を持つようになるなどして，教育実践者としてのアイデンティティを強化する。その一方で，一般教諭から主任職への職位の変化によって学校経営的な視点を有するようになり，教育実践者とは異なった役割を付与され，これまで保持していたアイデンティティを修正せざるをえなくなる。中堅期とはこのようなジレンマの存在する期間でもある（紅林，1999）。

ただし，上記のジレンマは男性教師が陥りやすい。なぜなら，性別によってこの時期の教師のキャリア形成は分岐するからである。男性教師はさまざまな校務分掌を任され直線的なキャリア形成をするのに対し，女性教師は結婚と出産により，家事と育児を行いつつ，迂回的なキャリア形成をする（山﨑，2002）。

（5）管理職としての歩みとベテラン教師としての歩み

教師は中堅期の危機を乗り越えると，より深化した教師としてのアイデンティティを持つようになり，20年くらい経つと一部の者は管理職になっていく。これまでは学級経営や授業実践を行っていたのに対し，管理職になると子どもと直接接する機会は減少し，会議，研修，行事など学校運営に関わった仕事が主なものになる。それらの職務の変化が，教師のアイデンティティを再び揺るがすことがある（川村，2012）。

まず，一般教諭から教頭・副校長への移行期は，一般教諭との関係性の編み直しを必要とするため，教職アイデンティティが揺さぶられる危機的な時期として捉えられる。その時期をうまく乗り越えていくことが，管理職としての新たな教職アイデンティティを形成していくにあたって必要である。次に，教頭・副校長から校長への職位の変化においても教職アイデンティティの揺らぎが起こりうる。それは一般教諭とのコミュニケーション機会の減少や，最終決定責任者としての重圧に起因することがある。これらのことから，教頭・副校長と校長では異なる課題があり，それらを克服していくことが，彼らの新たな教職アイデンティティ形成にあたって重要であることが分かる。

なお，ベテラン期においては，性別によるキャリア形成の違いが一層明確になる。女性管理職の割合は徐々に上昇しているものの2017年度で26.9％であり（文部科学省，2017），多くの女性教師は男性教師と異なるキャリアを歩んでおり，教職の世界にはジェンダー・トラックが存在している（女子教育問題研究会，2009）。

一方，一般教諭としてのキャリアを歩んでいく教師は，自らの実践に対して相対的に距離をとれる時期や，保守的時期を経験する（Huberman, 1989）。前者は，これまで積極的な実践を行ってきたときに持っていた熱意や活力はないものの，自らを信頼して理性的な実践を行う時期である。他方後者は，現在の子どものあり方に嘆き，教育者に対してネガティブなイメージを持ち，自律的な実践を行う同僚との交流を嫌い，これまでの自らの実践スタイルを変化させない時期である。

以上，教師の生涯発達の各時期の経験を概観してきた。教師はそれらの経験とともに，その時々の時代の影響を受けつつ教職の道を歩んでいる。言い換えると，加齢・年齢といった個人時間，家族や職業などの周期といった社会時間，時代といった歴史時間が束になった時間の中で，その時々の課題に直面し，模索しつつ，自らの教師としてのあり方を創造していく（山﨑，2002）。教職とはそれを幾度となく繰り返し成長し続けることが求められる職業なのである。

最後に次節では，今日の教師の生涯発達について考察するため，現代という時代的観点を重視した生涯発達を「ライフコース」として捉え，彼らのライフコースを取り巻く状況とともに，その現代的な特徴と課題について検討する。

4　学び続ける教師であるために

（1）教師文化の変化がもたらしたものと教師の学び

教師の日常的な力量形成の環境にさまざまな変化が出てきている。学校評価制度が導入され，学校は年度当初に設定した目標がどの程度達成されたのかということを自己評価するとともに，学校関係者など，他者による評価を受けるようになった。また，職員会議が校長の補助機関として位置付けられ，校長が決めた学校目標を達成するための組織づくりがなされている。さらに，主幹教諭など，中間管理職的職位の教師が登場した。そのことにより，これまで校長・教頭・副校長といった少数の管理職と多数の一般教諭によって構成されていた鍋蓋型組織から，上部の意思決定内容が下部まで行き届きやすい階層化された企業組織のようなピラミッド型組織に，教師集団が変化してきている。加えて，教員評価が導入され，各教師の能力開発とともに，目標管理が行われ，自治体によっては評価結果が給与面に反映される状況になっている。

上述の教師を取り巻く環境の中で，学校運営を中心的に担うミドル・リーダー的ポジションの教師は専門職的自律性について高い意識を持っているわけではなく，政策にそった学校組織目標を達成するために学校改革に積極的にコミットしている者がなっている（川村他，2016）。また，教師の教育へのまなざしが学校目標に焦点化し，その目標を達成することにやりがいを感じる者が増えている（油布他，2010）。

以上のように，国家によって選択された教育に関する重要事項や社会的課題が，教育委員会，学校を通じて教師にまで円滑に伝達され，彼らが教育実践を行うことを通して，日本社会が抱える現代的課題を克服しやすくなる仕組みが整備されてきている。その一方で，教師には既存の教育目標を達成できる資質・力量が求められ，それらの修得が教師としての発達であるという思考枠組みが形成されてきているかもしれない。そうなると，教師は自身のライフコースを相対化して捉える視点が弱くなるであろう。設定された目標に対して疑問を持たず，そのことを議論しないマニュアル思考型の教師が育成され，「ものを言わない」教師文化が形成されることになる。

（2）教師の学びの均質化

近年，「ものを言わない」教師文化の形成と並行して，教師の学びが均質化してきている様子がうかがえる（Kawamura, 2016）。

教師の教育実践の質を高めるうえで意義のある人間関係や個別経験としては，子どもとの交流，職場の雰囲気や人間関係，自分の意欲や努力があげられる。日々教育実践を行う教師にとって，最も身近にいる人々や身近なことが重要であることが分かる。また，悩みを打ち明けられる相手の存在，同僚と互いに授業を見合ったりすること，先輩・同僚教員の個別的なアドバイスといったように，自分の教育実践の課題について具体的な示唆を与えてくれる機会や人々の存在も重要である。

さらに，人間関係や個別経験ほどではないものの，教育委員会主催の研修や教員評価といった制度，民間教育研究団体や自主的サークルへの参加，組合運動といった団体への自主的なコミットメントが有益である。また，所属校での研修，所属校での学年会・教科会，学校全体での研究活動・研究体制といったものにも，彼らは意義を感じている。

これらの意義あることは地域による差異はほとんどなく，現代の教師たちはライフコースに関わった類似する経験を有しているようである。教育実践の質的向上に関わる経験に対する彼らの認識は均質的であるので，教師教育の環境は一定水準であると推察される。全国のどの地域でも標準レベル以上の教師がある程度いるために，子どもは質の高い教育を受けることができる。そのことが，日本の国際的な学力の高さと関連しているかもしれない。

これまでの教師の生涯発達研究の動向は，生涯発達モデル構築から教師の個別性に注目がシフトしている。しかし，現在の教師の実態としては彼らの学びは均質化し，教師のライフコースの個別性が喪失してきている可能性がある。

（3）これからの教師としての歩み

「ものを言わない」教師文化の形成と，教師の学びの均質化の土壌が学校現場にある中で，さらにそれらを進行させる教師教育政策が打ち出された。今後，教職課程コアカリキュラムや教員育成指標に基づいた教師教育が全国的にさらに整備されていく。教師のライフコースは国家や自治体によって段階別に設定された資質や力量を，一段ずつ階段を上るように修得していくプロセスとして描かれ，全国的に標準化していくことが予測される。教師にとってあらかじめ設定された資質・力量を修得することが，彼らの教師としての学びとして重要性を増すであろう。既存の目標の達成をめざすマニュアル思考は，子ども時代から，とくに教員養成時代から形成され始め，採用時，教職生活を通してさらに強固なものとなり，維持されるかもしれない。

そのことには教師の質保証といったポジティブな側面がある一方で，既存の目標を疑わなくなる危険性が潜んでいる。教師はそもそも設定された目標が，日々接している子どもにとって重要なものなのかという視点を持ちにくくなる。

その危険性を回避するために，教師には批判的思考力を修得することが重要である。彼らがその力を持つことができれば，現在の，そして20年，30年後の日本社会を担う子どもにとって求められる力はどのようなものなのか，彼らがそれを獲得するために学校や教師が行う教育は何なのかということを，既存の目標を相対化しつつ考えることができる。また，新たな教育実践を自律的に創造していくことも可能になるだろう。現在の教師が保持している現場主義的な思考枠組みを踏襲するだけでは，21世紀に求められる教育課題の解決に貢献することが難しいかもしれない。既存の思考枠組みを反省的に捉えられる力が必要であろう。

最後に，教師がライフコース上で批判的思考力を身に付けつつ，成長していくことについて考えたい。教師は公的な文書では「教員」「教諭」と表記される。しかし，一般には教師が広く用いられており，そこには人々が教師に期待しているあり方が示されている。

そのあり方とはどのようなものだろうか。その手がかりになるものとして，師道という言葉がある。学問などを教授する者が師としてとるべき道のことである。その道を歩み続けるためには，日々研鑽し，自己を向上させるとともに律し続けることが重要である。

人々が教師という用語を使用するとき，意識的に，あるいは無意識的に師道を歩む者という意味合いを込めていると思われる。すなわち，教師には日々，子どもの師としてあり続けるために，自律的に学び，教師として成長していくことが期待されている。教師が師であり続けるためには生涯にわたって学び成長し続ける必要がある。その学びはすでに誰かによって水路付けられた道に則りながら行うのではなく，その道を歩いている自身を相対化し，必要に応じて自ら切り開いていく中で創られていく道で行われることが重要であろう。今求められている教師の生涯発達モデルは，誰かによって設定された力量を一つずつ身に付け，ポイントを獲得することによって成熟していくようなものではなく，師道として成長していくモデルなのである。

さらに学びたい人のための図書

稲垣忠彦・寺崎昌男・松平信久編（1988）『教師のライフコース――昭和史を教師として生きて』東京大学出版会。

▶ライフコース・アプローチを用いて，時代と力量形成の観点から昭和期を生きた教師の人生を本格的に分析している日本初の文献である。

山﨑準二（2002）『教師のライフコース研究』創風社。

▶複数のコーホートの教師を対象とした継続的な追跡調査の結果に基づき，昭和から平成の時代の教師の力量形成を明らかにしている先駆的文献である。

高井良健一（2015）『教師のライフストーリー――高校教師の中年期の危機と再生』勁草書房。

▶ライフヒストリー／ストーリー・アプローチを用いて，高校教師の中年期の危機を捉えており，教師の個人史を研究する者にとっては必読書である。

引用・参考文献

秋田喜代美（1999）「教師が発達する筋道――文化に埋め込まれた発達の物語」藤岡完

治・澤本和子編『授業で成長する教師』ぎょうせい，27-39頁。
稲垣忠彦（1958）「教師の意識構造」日本教育社会学会編『教育社会学研究』第13集，51-66。
稲垣忠彦・寺崎昌男・松平信久編（1988）『教師のライフコース――昭和史を教師として生きて』東京大学出版会。
今津孝次郎（1979）「教師の職業的社会化(1)」『三重大学教育学部研究紀要』第30巻第4号，17-24。
今津孝次郎（2017）『新版　変動社会の教師教育』名古屋大学出版会。
伊藤敬（1980）「教育学部学生の職業的社会化に関する一考察――予期的社会化におけるインフォーマルな社会関係と教育実習の二側面について」『静岡大学教育学部研究報告（人文・社会科学篇）』第30号，99-119。
エリクソン，E. H.／仁科弥生訳（1977）『幼児期と社会１』みすず書房。
エルダー，G. H.／本田時雄他訳（1991）『新装版　大恐慌の子どもたち――社会変動と人間発達』明石書店。
太田拓紀（2010）「教職における予期的社会化要因としての『親＝教師』の分析――親が教師であることの教職選択に及ぼす影響とその家族関係の特質」日本教師教育学会編『日本教師教育学会年報』第19号，68-78。
河上婦志子（1977）「年長教員層の職務意識にみられる学校組織の二重構造性」日本教育学会機関誌編集委員会編『教育学研究』第44巻第１号，59-70。
川村光（2003）「教師の中堅期の危機に関する研究――ある教師のライフヒストリーに注目して」『大阪大学教育学年報』第８号，179-189。
川村光（2009）「1970―1980年代の学校の『荒れ』を経験した中学校教師のライフヒストリー――教師文化における権威性への注目」日本教育社会学会編『教育社会学研究』第85集，5-25。
川村光（2012）「管理職への移行期における教職アイデンティティの再構築――小学校校長のライフヒストリーに注目して」『関西国際大学教育総合研究所研究叢書』第５号，1-15。
川村光（2013a）「教師の成長の現代的特性――小・中学校教師の被教育体験期への注目」『関西国際大学教育総合研究所研究叢書』第６号，51-69。
川村光（2013b）「教師の成長に関する地域比較――2011年度質問紙調査の結果から」『関西国際大学研究紀要』第14号，19-30。
川村光・紅林伸幸・越智康詞・加藤隆雄・中村瑛仁・長谷川哲也・藤田武志・油布佐和子（2016）「教職の高度専門職化と脱政治化に関する一考察――教師の社会意識に関する

調査（2013年）の結果報告(2)」『関西国際大学研究紀要』第17号，51-71。

岸本孝次郎・久高喜行編（1986）『教師の力量形成』ぎょうせい。

グッドソン，I. F.／藤井泰・山田浩之編訳（2001）『教師のライフヒストリー――「実践」から「生活」の研究へ』晃洋書房。

グッドソン，I. F.・サイクス，P.／高井良健一・山田浩之・藤井泰・白松賢訳（2006）『ライフヒストリーの教育学――実践から方法論まで』昭和堂。

紅林伸幸（1999）「教師のライフサイクルにおける危機――中堅教師の憂鬱」油布佐和子編『教師の現在・教職の未来――明日の教師像を模索する』教育出版，32-50頁。

紅林伸幸・川村光（2000）「大学生の教職志望と教師化に関する調査研究(1)――学校体験と教育に対する意識」『滋賀大学教育学部紀要（I：教育科学)』第49号，23-38。

紅林伸幸・川村光（2002）「教育実習への縦断的アプローチ――大学生の教職志望と教師化に関する調査研究(2)」『滋賀大学教育学部紀要（I：教育科学)』第51号，77-92。

佐藤学（1994）「教師文化の構造――教育実践研究の立場から」稲垣忠彦・久冨善之編『日本の教師文化』東京大学出版会，21-41頁。

女子教育問題研究会編（2009）『女性校長のキャリア形成――公立小・中学校校長554人の声を聞く』尚学社。

高井良健一（1995）「教職生活における中年期の危機――ライフヒストリー法を中心に」『東京大学教育学部紀要』第34巻，323-331。

高井良健一（2015）『教師のライフストーリー――高校教師の中年期の危機と再生』勁草書房。

滝川弘人（2018）「語りのスタイルとライフヒストリー――昭和20年に教壇に立った女性教師の語り」『教育方法学研究』第43巻，13-24。

塚田守（1998）『受験体制と教師のライフコース』多賀出版。

塚田守（2002）『女性教師たちのライフヒストリー』青山社。

寺町晋哉（2014）「『ジェンダー教育実践』が生み出す葛藤と変容――教師へのインタビュー調査から」『教育学研究』第81巻第3号，310-321。

永井聖二（1977）「日本の教員文化――教員の職業的社会化研究(I)」『教育社会学研究』第32集，93-103。

西徳宏（2018）「教員の職業的社会化過程で成員間で生じるコンフリクトに関する分析――正統的周辺参加論の枠組みから」『教育社会学研究』第102集，217-237。

日本教育学会教師教育に関する研究委員会編（1983）『教師教育の課題――すぐれた教師を育てるために』明治図書出版。

耳塚寛明・油布佐和子・酒井朗（1988）「教師への社会学的アプローチ――研究動向と課

題」『教育社会学研究』第43集，84-109。
文部科学省（2017）『平成29年度学校基本調査』。
山﨑準二（2002）『教師のライフコース研究』創風社。
山﨑準二（2012）『教師の発達と力量形成――続・教師のライフコース研究』創風社。
山﨑準二・赤沢早人・高井良健一・坂本明美（2003）「戦後日本の教育実践と教師文化――３人の教育実践家のライフヒストリー分析を通して」久冨善之編『教員文化の日本的特性――歴史，実践，実態の探究を通じてその変化と今日的課題をさぐる』多賀出版，267-401頁。
山﨑保寿（2009）「教師の職能成長に関する研究の動向と課題」『日本教育経営学会紀要』第51号，206-215。
油布佐和子・紅林伸幸・川村光・長谷川哲也（2010）「教職の変容――『第三の教育改革』を経て」『早稲田大学大学院教職研究科紀要』第２号，51-82。
レビンソン，D.／南博訳（1992）『ライフサイクルの心理学〈上〉』講談社学術文庫。
Kawamura, A.（2016）“The Quality of Compulsory School Teachers in Japan: An Analysis Quantitative Investigations of Teachers' Professional Development in 2011-12”, *Foro de Educación*, Vol. 14, Num. 20, 453-466.
Huberman, M.（1989）“The Professional Life Cycle of Teachers”, *Teachers College Record*, 91(1), 31-57.
Sikes, P. J.（1985）“The Life Cycle of the Teacher”, In Ball, S. & Goodson, I. eds., *Teachers' Lives and Careers*, The Falmer Press, pp. 27-60.

第Ⅱ部　教師を育てる

第6章

教師になるために
——教員養成を考える——

河村美穂

1　教師になりたい若者たちの現在

（1）教育学部生のめざす教師像

教師という仕事は大変であると認識され，教師になりたいという若者が減少しているという。実際に近年は教師の過酷な労働環境が広く公になり，敬遠されるようになって，教員養成系学部の志願倍率は下がっている。

それでも，教育学部にいて日常的に教師をめざす学生たちを間近に見ていると，教職への思いの深さに驚き，教師になりたいと思うに至った彼らの恩師のことを思わずにはいられない。教師とはかくも尊敬され慕われる存在なのだと。そして教師をめざす学生の多くが，教師というものを完璧な人間として認識していることにも驚くのである。教師は立派でなければならない，子どもたちのお手本にならねばならないといった過度の思い込みが教師をめざす学生に緊張やストレスを与えているようにも思える。このきちんとした立派な教師像というのはいったいどこから来るのであろうか。

たとえば，大学で企画される教職支援セミナーには学生がスーツ着用で出席するという文化とは関係していないだろうか。学生が教職に就けるように教員養成学部では最大限の支援をするが，このような場で学生に向かって話される内容も立派な教師をめざすことに終始してはいないだろうか。

学生の思い込みが立派な教師像をつくり上げ，自分もそうでなければならないと思うようになる。実際には教師も人間であり，いろいろな人がいる。多様な教師がその人らしく児童生徒と関わり，少しずつ教えることを究めていくことが教職の理想である。その間には教師も迷ったり悩んだりして，試行錯誤を繰り返しながら教師という専門職になっていくのだ。

（2）学習指導要領はバイブル

教師は立派でなければならないと思いこんでいるのと同じように，多くの学生は学習指導要領に対して畏怖の念を抱いている。教科の指導法の授業で，授業づくりの話や年間の指導計画に関わる内容を扱う際に，必ず学習指導要領を絶対視している学生の存在に気づくことになる。それは決して少数派ではない。彼らは学習指導要領はバイブルだと思っているのである。批判的に読むということなどは思いもしないのであろう。もちろん，実際の授業内容は学習指導要領を逸脱してはならない。

しかし，無批判に受け入れることはあってはならないと思う。多面的に検討してこそ，学習指導要領の基準としての役割は効果的になるのではないだろうか。少なくともナショナル・カリキュラムとしての学習指導要領は常に見直しをする必要があり，スタンダードであるがゆえに，その基準はよりよいものに修正される必要がある。そのためにも授業をつくり実践している教師が学習指導要領を鵜呑みにするのではなく，内容について検討を加えることは重要なのである。

（3）教職準備としてのスクールボランティア

もう一つ教育学部の学生の傾向として驚くべきことは，多くの学生がスクールボランティアとして活動したがることである。現在の日本は，経済的にも社会的にも余裕がなく，新社会人に対しても即戦力を期待する傾向がある。これは教師にだけ求められているわけではないのだが，それにしても初任の教師に対して保護者（世間）の要求は高いものがある。教師をめざす学生たちはその状況をよく知っている。そのため学校現場で経験を積んでおきたいと思い，スクールボランティアとして学校に足を運ぶのである。実際には多くの学生が

「教師になったときに困らないように準備をしておきたい」と言う。見通しがないと不安になる現代っ子としては当たり前の準備とも言える。このような学生を受け入れる学校現場も人手はいくらでも欲しいという大変な状況にあるため，意欲的な学生を可能な限り受け入れるという構図ができている。また，多くの大学ではアシスタントティーチャーとして一定回数以上の実績がある場合には単位を与えるという仕組みをつくっている。

さらに，教員採用試験の志願書にはボランティア経験を記入する欄がある。学生はここに記入することがないことはよくないことだと思っている。実際にどの程度考慮されるのかは自治体によるのだと思うが，学生は先輩からの情報でボランティア経験を記入しなければならないと思ってしまうようである。

（4）教師としての適性

多くの教師をめざす学生は，大学での講義のほかに，学校現場での経験を積み，教職に就こうとまじめに学んでいる。さらに近年では市区町村レベルで行われている授業実践に関する研究会・検討会において，これを主催する有志の教師たちがインターネットを通じて，また大学の教職支援室を介して，教師の卵たち（教職希望学生）を受け入れるということを行っている。一部の学生はこのような場所にもせっせと出かけて行って学んでいる。要するに今の学生はまじめに教職に就くための準備をしているのである。しかし，こんなにまじめでしっかり勉強する教師ばかりになってよいのだろうか。学校とは多様な児童生徒が自分らしくあってよい場所である。そこでは児童生徒がそうであるようにともにいる教師も多様であるべきではないだろうか。まじめな先生，きちんとした先生と一緒にちょっと変わった先生や，まじめではない先生もいて初めて多様な児童生徒を受け入れる豊かさを持った学校になるのではないだろうか。

さらに，数少ないケースではあるが，本人が教師になりたいと切望していても，教師には向かないだろうと思われる学生がいる。このような学生は自分自身について理解ができていないケースや，親が教職を強く勧めるというケースである。教師としての適性は自分では見極めにくいものなのだろう。しかし，

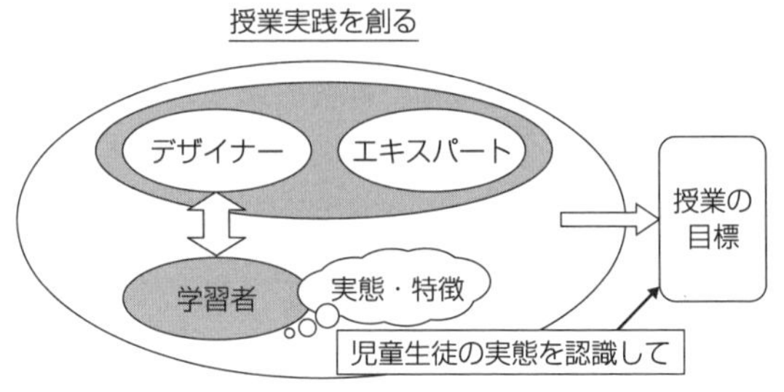

図 6-1　授業を創る教師の役割

（出所）筆者作成。

教師になってしまったらその人自身も，対象の児童生徒も幸せではなかろうと思われる場合には，思い切ってあきらめることも必要なのではないだろうか。この点において現在の教員養成学部は，学生の適性を見極めるという機能を果たしているとは言えない状況にある。

また学生によっては，学校種や学校段階の向き不向きがある場合がある。たとえば，40人を相手にするには対応が丁寧すぎると思われる学生も，特別支援教室や特別支援学校であればその丁寧な特徴を生かして一人一人に向き合い，個別の支援ができるだろうと思われるような場合である。

究極は，目の前の子どもに注意を向けることができて，その子どもたちを愛することができる（好きになる可能性を持っている）こと，そして言葉だけではなく，子どもたちが発するノンバーバルな情報を理解できることが教師としての適性には欠かせないのではないだろうか。

さらに教師の大切な仕事である，授業を創ることに関しての役割は二つあると考えられる。図 6-1 に示したように専門的に教科内容を熟知すること（エキスパート）と対象の学習者の実態や特徴をよく理解して学習内容や方法を選択すること（デザイナー）の二つの役割である。これらが教師としての専門性と言ってよいだろう。初任の時期はこの二つの役割ともにスキルも知識も十分とは言えない。とくに学生時代に専門的に学んだ分野があったとしても，児童生徒に教えるだけの真のエキスパートになるためには教材研究を重ねることが重要になる。また教師がすべての分野においてエキスパートになることは不可能であるため，その分野に詳しい人や先輩教師にエキスパート部分を担ってもらうこともありうると考えられる。

教師の専門性の特徴は，教えるということを前提として特定の学習内容に関わる詳しい知識があり，同時に目の前の学習者のことをよく理解して，その学習内容を効果的に教えることだと考えられる。

2　教員養成の現状

（1）学校や教師への社会的要請

先に述べたような専門性を有する教師を育てる場として，教員養成学部の現状はどのようになっているのであろうか。まず，学校や教師がおかれている現状や教員養成学部がおかれている状況を詳述した上で，具体例として埼玉大学教育学部における教職支援の現状を説明する。先にも述べたように，教師に対する社会の要求は厳しい。個人的な経験ではあるが，筆者が高校の教師になって初めてクラス担任をしたのは1990年代前半であった。おそらく現在も大差ないと思うが保護者会の出席者は多くが母親であった。そのような保護者会は教師にとって気の抜けない時間であり，教師経験の浅い筆者にはそれまでに経験のないほど緊張の連続であった。しかし，出席した母親たちは，どうにかこの未熟な教師を助けようとしてくれた。保護者会以外の場面でもおそらく至らないことが数多くあったに違いないが，保護者からはいつも励ましの言葉をもらい，保護者を呼び出しての生活指導という厳しい場面においても，そこに至った我が子の至らなさを詫びる保護者が大半であった。若くて未熟な教師であった筆者は，あのときの生徒たちやおおらかな保護者に育ててもらったのだと今あらためて思う。専門職としての教師の成長プロセスにおいてまったくの幸運だったと言うほかはない。

しかし，現在卒業生から学校現場の話を聴くにつけ，学校や教師に対して社会的な要請が厳しい現状を痛感する。とくに初任の１年間は教職という仕事に慣れない上に，初任ということで保護者からすべてのことを厳しくジャッジさ

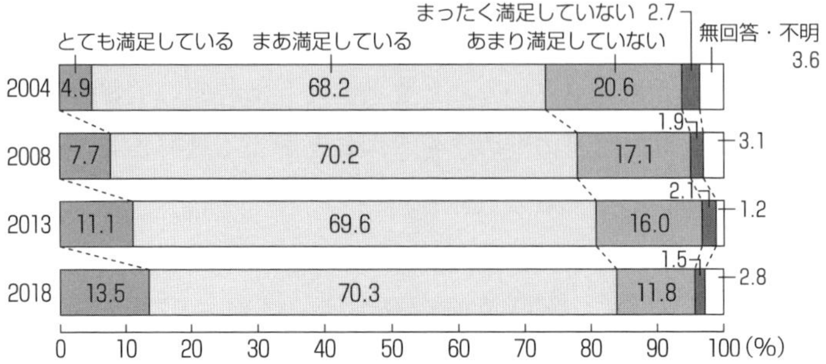

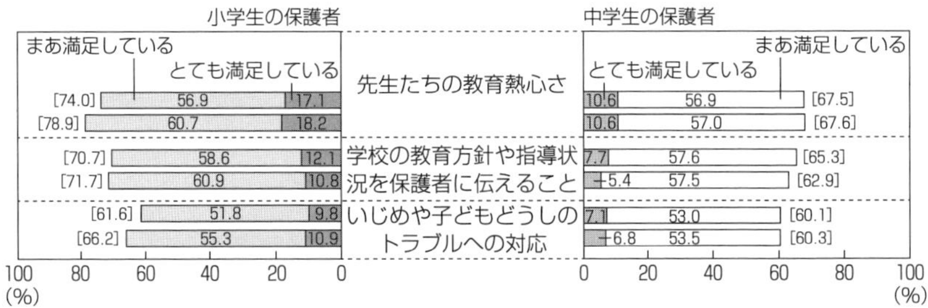

図 6-2　学校の指導や取り組みに対する保護者の満足度

（注）［　］内は，「とても満足している」+「まあ満足している」の%。上段は2013年，下段は2018年の値。

（出所）ベネッセ教育総合研究所（2018）4，5 頁より。

れるというストレスフルな状況がある。すべての保護者が厳しいわけではないだろうが，クラスに数名もしくは一人でも厳しくジャッジする保護者がいればそれだけでかなりのストレスになると考えられる。

実際には，図 6-2① にあるように，8 割以上の保護者が学校に満足しており，小学校中学校ともにこの14年間で学校教育に満足している割合が増加していることが分かっている。あわせて先生たちの教育熱心さに対しても満足している割合が増加していることも示されている（ベネッセ教育総合研究所，2018）。

OECD の統計では世界の中でもとくに日本の教師が働きすぎの状況にあることが示されていることや，図 6-2② に示した意識調査からも日本の教師が熱心に教育活動をしていることは保護者からも認められていることが分かる。

しかし，教師を取り巻く環境は厳しい。とくに初任の教師にとっては越えなければならない試練がいくつもある。おそらく社会全体がもう少し長い目で初任の教師を育てる気持ちを持つことができたら，教師はゆっくりとしっかりと成長していけるのではないだろうか。自らの幸運な経験を思い出すにつけ，現状での初任教師のおかれた厳しい環境を思うのである。

（2）教員に求められる資質能力

では，教員にはどのような資質や能力が必要とされているのであろうか。ここ20年ほど盛んに行われている教員養成に関する検討においては，①いつの時代にも求められる資質能力，②今後とくに求められる資質能力という二つの観点から教員の資質能力が説明されている。さらに学校が，③得意分野を持つ個性豊かな教員によって構成されることが大切であるとも述べられており，変化の激しい時代においては，いつの時代にも不変な能力と変化に対応する能力を併せ持つことが必要であることが示されている（教育職員養成審議会，1997)。

ただし，①いつの時代にも求められる資質能力，②今後とくに求められる資質能力には，教育者としての使命感から変化の時代を生きる社会人に求められる資質能力まであらゆる能力が含まれており，実際にこれらすべての能力を身に付けるということが可能なのかという疑問が残る。

さらに教員に求められる資質能力としてより具体的に，①教職に対する責任感，探究力，教職生活全体を通じて自主的に学び続ける力，②専門職としての高度な知識・技能，③総合的な人間力があげられているが（中央教育審議会，2012)，とくに②専門職としての高度な知識・技能については，教科についての専門的知識と教職に関する専門的知識をどのように考え，バランスをはかるのかということを，より具体的に説明する必要があろう。なぜなら，たんに教科内容についての専門的知識があるということを示してはいないと思われるからである。教科内容についての専門的知識は目の前の児童生徒にあわせて再構成してはじめて生きたものになる。

さらに，小学校教師の場合には，特定の教科を専門的に学ばないまま教師になるということもあり，教職に就いたあとも含めて教科の専門性を身に付ける方法を考える必要がある。現在全国に教職大学院が設置されつつあるが，すべての教員に対してより広範に教科の専門性を高め実践に活用するための学びの機会が必要とされる。

また①教職に対する責任感，探究力，教職生活全体を通じて自主的に学び続ける力の中に，使命感・責任感・教育的愛情が含まれている。これらはともすれば「こうあるべき」「こうでなければ」という精神性を強調したものになる恐れがある。目の前にいる子どもたちのことを考え，教職に使命感や責任感を持つことは大切なことではあるが，教師は24時間教師であっては身が持たないと思われる。教師の資質に精神性を持ち込むことは，教師の働きすぎを助長することになるのではないだろうか。

（3）教員採用率の呪縛——教員養成学部がおかれている状況

教育学部は到達すべき教師の資質をめざしてカリキュラムを作成し，学生の教育に努力する。さらに所属学生がどれだけ教職に就いたのかが問われる。文部科学省が公表している大学別就職状況（教員養成課程）では，教員就職率が示され，この値は文部科学省から各大学の教育学部に対する指導の対象になっている。

さらに学部内では，各コース，分野別の教員就職率も明示されることによって，学生の進路指導の方針の再考を迫られるということになる。教育学部のほとんどの学生が教師になるという欧米の状況とは異なり，日本の教員養成学部では「必ずしも教員にならなくてもよい」「あえて教師以外の道を考えてみたい」「普通の企業に勤めて経験を広げてから教師になるのもいい」といったことを学生たちは考えている。大学を卒業してすぐに教師になり，ずっと教師でいることは経験が偏って幅のない人間にでもなるかのように思っているのである。

たしかに大学に入学するときには，教師になろうと思っていたがほかの道もあるかもしれない，と思う学生が少なからずおり，18歳で職業を選択することの難しさを示しているとも言える。入学時点で必ず教師になる学生をということが難しいとすれば，学部教育の段階で教職に就くような気持になってもらうことが必要になる。しかし教師が大変な職業であるということは毎日のようにメディアを通して喧伝される。教員養成学部への進学率自体が下がる傾向にあることからしても，教職の楽しさを伝えるということをどうすればよいのか，教員養成学部は試行錯誤しているというのが現状である。

（4）手厚い教職支援のカリキュラム

その試行錯誤の例を紹介したい。近年教育学部は大きな変化を求められて教員採用に関しては教職希望の学生が努力するだけの時代ではないと考えられている。そのため年ごとに手厚く丁寧に教職支援が行われるようになってきた。その一例として近年の埼玉大学教職支援のカリキュラムを図6-3に示した。1年生から4年生（大学院2年生）まで積み重ねるようなきめ細かな支援の仕組みが分かる。たとえば，2年生は教職に就くことを意識化させるためにすべての学生に対して教職支援担当教員が面接（全員面接）を実施している。もっとも進路について気持ちの揺れの激しい2年生の時期に指導をするのである。この時期に教職に就くことを確認できていれば3年生からの本格的指導が効果的であるということでもある。その後3年生後期から4年生前期にかけては，教員採用試験対策のためのさまざまな指導が集中して行われる。とくに4年生の前期には，一次試験直前までグループごとの指導や小論文の作成指導，志願書の書き方指導まできめ細かく行われる。さらに一次試験合格者に対しては集中的な指導が二次試験の本番さながらの緊張の中で行われている。

これらは，一部の寄附講座（同窓生の教員会による）のほかは，講義としての単位習得とは区別され，自主的に受講する特別講座となっている。教職志望学生は通常の授業とともに，これらの特別講座を可能な限り受講し，毎日忙しく課題に励んでいる。この仕組みは教職希望の学生にとっては，よく整えられた環境となっている。とくに小学校教員を志望する学生にとっては，この流れに乗って努力をすればほぼ合格できると言ってよい。

教職支援の全体構想

<table>
<tr><td colspan="3">■教員に求められる資質能力
※「教職生活の全体を通じた教員の資質能力の総合的な向上方策について」
（H24.8 中教審答申）</td></tr>
<tr><td>【教職に対する責任感，探求力，教職生活全体を通じて自主的に学び続ける力】</td><td>【専門職としての高度な知識・技能】</td><td>【総合的な人間力】</td></tr>
<tr><td colspan="3">■埼玉大学教育学部が教員養成について掲げる目標
「力量ある質の高い教員の養成」の５つの側面</td></tr>
<tr><td>【学びつづける姿勢】
【教師としてのビジョン】</td><td>【二つの専門性】
（教職の専門性，
学問・文化の専門性）</td><td>【かかわりのなかでの学び】
【人間性・社会性】</td></tr>
<tr><td colspan="3">力量ある質の高い教員の養成</td></tr>
</table>

学　年	時　期	内　容
4年 （院2年）	4.6.8.10月 4-6月 4-7月 7-8月 7月下旬 8月上旬 4-8・10-2月	一斉指導 クラス別学習（志願書作成，論文・面接の指導） 論文実践・総合読解実践演習　面接実践演習 課題別学習（集団面接，模擬授業，課題討論等の課題に応じた指導） 同窓会教員会による面接指導 二次試験対策指導（課題作文・模擬授業等の指導） 個別相談
3年 （院1年）	7.10.12.2月 10-2月 10-2月 10-2月 11.1月 7-8.10-2月	一斉指導 クラス別学習（志願書作成，論文・面接の指導） 教師基礎力養成演習 同窓会教員会による寄附講座「現代の教育課題と教職」 都道府県別指導 個別相談
2年	10月 10-12月 10-2月	一斉指導 必修面談［2年生全員対象］ 個別相談
1年	4-7月 10月 10-2月	教職入門(学校教育の現状と課題や教職の魅力について考える講義・演習) 一斉指導 個別相談

図6-3　教員養成学部における教職支援カリキュラムの例

（出所）埼玉大学の例をもとに筆者作成。

ただし教育学部での学びがその後の教師生活の中で必要とされる礎となるような教育観や指導観，子ども観を形づくるには，教員採用にむけた指導とともに教育を根源的に考え教師という仕事を見つめなおす機会を設けることや，一方で教職とは直接関連しない教科の内容に関する専門分野について，課題に地道に取り組んで研究をすすめることも重要となる。なぜなら，学ぶ姿勢や物事を考える方法を身に付けることになるからである。

とくに毎日を忙しく生活している今どきの学生にとっては，じっくり人生を見つめ，将来の職業について考えることは時間的に余裕がなく難しいと思われるが，大学時代だからこそゆっくり考える機会をフォーマル／インフォーマル両方の場面でつくっていきたいものである。

3　教職の楽しさを知る

（1）教育実習での経験から教職へ

では，教職を志望する，志望を迷っている学生には，教職の何をどのように知ってもらえばよいだろうか。すでに，各大学の教職支援の中では現職の教員からの講話を聴くなどさまざまに工夫されていると思われるが，学生が迷い悩んでいる現状から考えると，教職の楽しさを学生が実感できるよう工夫する必要があるのではないかと思う。

とくに学生にとって大きな分岐点になる教育実習について，前後の学生の様子を身近な例から示した上で，学生が理解すべき教職の楽しさとは何か，その本質を明らかにし，どう伝えるかということを考えてみたい。

教育学部で大学生と間近に接するようになって分かったことの一つに，教職を考えるときに教育実習が大きな分岐点なのだということがある。筆者の所属する大学では３学年の５月または９月に４週間の教育実習が設定されている。その直前の４月末，８月末は学生の教育実習への不安が最大になる時期である。「行ってみたら意外と大丈夫なもの」「今まで行けなかった学生はいない」などという慰めのことばはまったく通用しない。学生の不安はもやもやとしたもので，その正体がはっきりしないだけに開始日に向けて増大するばかりだ。

実際に始まってしまえば，皆必死に毎日の日課をこなし，担当の先生のご指導を受けながらどうにか教材研究も指導案の作成もやってしまう。4週間目の研究授業を参観すると実習前の不安は嘘のように見違えるほどしっかりしている。そして何よりも子どもたちが教育実習生を助けようと授業に参加してくれている雰囲気から，児童生徒との信頼関係を結び，堂々として授業に臨む学生の姿を見ることができる。

しかし，このような教育実習の経験もじつはさまざまなのである。実習校の所在する地域やその特徴，児童生徒の様子，指導してくださる担当教師との相性などの要因，さらに学生本人の性格も絡み合って，教育実習の満足度が決まるのだと思われる。

教育実習が辛い体験と認識されてしまった場合には，学生は教職以外の道を選ぼうとする。一方でまず教師にはならないと断言していた学生が教育実習を境に教職をめざすということもある。おそらく，教育実習直前までの大きな不安とそれに続く鮮烈な体験が人生の大きな決断を支えるのだと思われる。

10年ほど前にこの教育実習で教師になることに疑問を持ってしまった学生がいた。教師が多忙である実態に驚き，日々の業務の中で生徒と過ごす時間が少ないことに失望してしまったとのことだった。両親が小学校の教師であり，教師になることを自然と選んで教育学部に進学した学生だったが，はじめて他の道にすすむ自分を考えたということであった。この学生にとっても教育実習が教師となることを問い直す契機となったのである。

日本では教員養成課程での教育実習は，3週間または4週間と集中して行われるために，学生にとってその経験が強く印象付けられるという特徴がある。教育実習期間を長く設定し，学校での実習と大学での振り返りを繰り返し行うという仕組みや（例：アメリカ西オレゴン大学），教員養成課程を5年とし最終年度にインターンシップを行うというタイの教員養成（堀内，2009）と比べて，日本では教育実習の印象がとくに強く感じられることになると思われる。もう少し緩やかに教育実習と大学の学びを行ったり来たりできる制度がつくれないものだろうか。

なお，先に紹介した教師になることに疑問を持った学生は，その後別の学校で授業の観察参加を行って教師に関する卒業論文をまとめた。さらに大学院に進学して非常勤講師として高校で週に2日勤務しながら，やはり教師研究に関する修士論文をまとめた。この修士課程での研究と高校での実践が往還するという2年間を過ごしたことで「教師になることへの迷いや不安はなくなった」と言い残して巣立っていった。現在も高校教師として経験を積んでいる。

この学生は，悩み続けるための選択として大学院への進学を選び，結果として教師になるということをじっくり考えたり，経験を含めて納得することができたりしたよい例であった。しかし，一般にはこのような選択肢はだれにでも保障されるものではない。現在の教育学部の学生は，「早く一人前になってほしい」「教師になって安心させて」という保護者の期待を一身に背負っている場合も少なくない。このような期待は，初任者が即戦力を求められるのと同じくらいに，学生にとっては厳しいことである。教師をめざす学生を理想の教師になるよう育てるというプログラムだけではなく，ゆっくり悩んで自分を見つめなおす期間を保障するということが，結果的に教師の成長の基盤をつくることになるのではないだろうか。現在の教員養成学部に求められるのは，このようにゆっくりと悩みながら学生時代にしかやれないことを実行できる余裕を学生に与えることではないかと思うのである。

（2）教職の楽しさの本質——家庭科教師のライフヒストリー研究から考える

初任の教師はは少しずつ子どもたちとの関わりを楽しむことができるようになる。この関わりだけが教職の楽しさなのだろうか，教職の楽しさの本質は何だろうか。このことを考えるために筆者が所属する研究会で取り組んでいる「家庭科教師自身が作成したライフヒストリーの研究」（家庭科の授業を創る会，2017）の知見を参考に考えてみたいと思う。この研究会では，中学校・高等学校・大学の教員11名が集い，長年にわたって自身の授業改善につながるような研究を行ってきている。とくに中学校・高等学校の授業について，指導方法・

教材の選択・カリキュラムの構成に関して具体的な事例をもとに議論を重ねている。

①教師自身がつくるライフヒストリー

ここ4，5年は中学校・高等学校のカリキュラムが教師の信念や私的な経験とどのように関連しているのかを検討するために，メンバー自身によるライフヒストリーの作成と分析を行ってきた。この研究は中学校・高等学校で学習内容の重複や連続性がある中で，内容をどのように区分して考えてカリキュラムをつくればよいのかという問題意識から始まった。さらにカリキュラムを複数集めて比較検討したところ，生活を学習対象とする家庭科の場合はとくに教師の私的生活の部分や信念がカリキュラムに影響を与えているのではないかと考えるようになり，自らを研究対象として検討することにしたのである。

通常ライフヒストリー研究はインタビュアーがインタビューイーに聴き取りを行い，ライフヒストリーにまとめ分析するということを行う（桜井，2002）。ライフヒストリー研究の方法を援用したこの研究では，教師自身がそれまでの経験を振り返ることができるように五つのペアをつくり，ペア同士で聴き合いペア二人分（１ペアだけは一人分）のライフヒストリーを作成するという方法をとった。実際には聴き合ったあとに，本人がライフヒストリーを書き，聴き手であるインタビュアーが追加修正を行い，さらにペアでやり取りをするというプロセスを経た。最終的には全体の研究会で一つずつ検討した上で本人が修正を行い完成させた。

②教師のライフヒストリーにおけるエピファニー

この九つのライフヒストリーを比較検討するために，エピファニーを抽出した。エピファニーとは，デンジン（Denzin, 1989/1992）が「劇的な感知」と定義した質的分析のための視点であり，その前後で世界がまったく違ったものになると言われるほど衝撃的な出来事である。通常はエピファニーはライフヒストリーを作成したインタビュアーが抽出するが，今回は本人が抽出するという方法をとった。

このように抽出された９人の家庭科教師のエピファニーを検討した結果，大きく二種類が見出された。①家庭科教師としての専門性を深化させることに関わる出来事，②学校組織の一教師としての熟達に関わる出来事である。

この二種類の出来事は，個々の教師にとっては分かちがたく関連し合ったものであるが，教師の成長という視点から見た場合にはこのような二つの出来事に関する困難があること，さらにこの困難を越えることがその次のステージに上がっていくために必要不可欠であることが分かった。30年以上の教職経験を持つ教師でさえも鮮明に記憶しているこれらの出来事は，いずれも教師としての信念を形成する際に大きな意味を持ったと思われる。

さらにエピファニーについての議論を繰り返す中でこれらの出来事を否定的に語るメンバーがいなかったことが印象的であった。たしかに劇的でつらい出来事だったが，そのことがその後の自分の成長の要になっていることを皆自覚しているのであった。

③教職の楽しさ

このエピファニーの分析から分かったことは，いわゆる心地よい楽しみ（fun）だけではなく，苦労して困難を乗り越えた後にやってくる充実感（fulfil-memt）も教職の楽しさなのだということである。困難を乗り越えて初めて分かったことは，教師個々の血や肉となり教師としての核をなすものである。さらにエピファニーの多くは生徒や同僚教師などの人と関わった出来事がほとんどであった。この人たちは「大切なことを気づかせてくれた人」「異なる視点を教えてくれた人」として語られることも特徴であった。このように教師は人との関わりを通して，しかも時間をかけて教職の楽しさ＝充実感を実感していくのだと思われる。

この教職の楽しさの本質を，教職を志望する学生にどのように伝えることができるだろうか。研究知見から考えると一定の経験を経なければ実感できそうにないこととも考えられる。ただし，あえて伝えるとすれば，人と関わり，ともに何かをつくり上げるなどのミッションを遂行する濃密な体験を仕組むということではどうだろうか。最近の大学生は他者との関わり，やり取りが不可欠なプロジェクト型の学びが，限られた一部の学生を除いてはあまり得意ではない。だからこそ，あえてそのような場を仕組み，たんなる楽しみ（fun）ではなく，充実感（fulfilment）を実感できるようにしてはどうだろうか。しかもできれば教育学部ではない学生もともに学ぶ場があったらよいと思う。

4　教員養成段階で学んでほしいこと

教職の楽しさの本質を理解するのと併せて，教員養成段階では教師としての信念の素になるようなものを学生が見つけ，教えるということを理論的・体験的に学ぶことが大切である。しかし教職に関わることすべてを学ぶことはできない。だからこそ，教師は教師である間ずっと学び続けなければならず，その姿を子どもの前にさらけ出す覚悟が必要となる。では，教員養成段階で学生が教師としての信念の素を見つけることや，理論的体験的に学ぶということを具体的に考えてみることにしよう。ここでは，⑴教員養成学部がすべきこと，⑵学生自身が努力すべきことの二つの側面から考えてみたい。

（1）教員養成学部がすべきこと

教員養成学部は，教師になる学生に長い教職人生において指針となるような学びのスタイル，思考方法を身に付けさせることが重要な役割となる。そのために，図6-1で示した授業を創る教師の役割をもとに，教員養成学部が教職志望の学生に対してすべきことを具体的に提案してみたい。

①専門的なことを探究する力の育成：エキスパートになるために

教職に就くからと言って，教職に直結することだけを学ぶのでは十分ではない。図に示した授業を創る教師の役割のうち，エキスパートになるためにも専門的な探究活動は不可欠と言えるだろう。とくに卒業研究や関連した演習型の探究活動は，研究するということを経験しながら論理的な思考力や理論や知識を体系的に学んでいくものであり，あらゆる問題解決に応用できる基盤となる考え方と言ってよい。実際に卒業研究を終えた学生たちの習得した技術・知識はワードやエクセルなどを効率よく使えるといった些末なこともあるが，何よりも一つの問いに対して探究し続け，失敗したり試行錯誤を繰り返しながら結論に到達するという経験が有用なのである。教師になったときにエキスパートとしての役割も担えるようになるためには，分からない課題に向き合って探究し，一定の解決を提案できるようになることである。これはマニュアルを読んでも分からない。実際に試行錯誤して単純ではないプロセスを経て実感し，はじめて理解できるようになるのだと思う。

そのためには，教員養成学部では従来の卒業研究への取り組みを，課題解決というプロセスを明確にして時間を取って指導するという体制をつくる必要がある。教職科目が多く忙しい学生に対してあきらめるのではなく，教職を長く続けるためにこれまで以上に必要不可欠な学びとして位置付ける必要があると思うのである。

②他者を理解する力の育成：デザイナーの素質を鍛えるために

授業を創る教師の役割のもう一つは，対象となる学習者をよく理解し，学習内容の構成をデザインすることであった。このデザイナーの資質の要は学習者をどれだけ多面的に理解できるかということである。小学校１年生と小学校６年生では５歳もの開きがある。中学生と高校生を比較しても思春期とひとくくりにできない特徴をそれぞれ有している。このようなさまざまな発達段階にある子どもを理解する力を育むことが重要である。あわせて子どもたちのバックグラウンドが多様であることも理解できるようになりたいことである。そのためには，意図的に子どもと関わる経験を設定したい。学校を離れた場所でそれぞれの世代の子どもたちがどのように過ごしているのか，何を考えているのかなど，目的をもって観察や聞き取りを行うような調査でもよいし，たんに触れ合う体験でもよい。いろいろなタイプの出会いをつくっておくことが大切ではないかと思う。たとえば，筆者のゼミの学生は地域図書館と共同で食育お話し会というイベントを毎年実施している。食に関する絵本を読み聞かせ，学んでもらうような内容を工夫して伝え，企画によっては動物の着ぐるみを着て踊ったり歌ったりしている。そこには幼児を中心に小学生までのさまざまな子どもたちがやってくるが，学生は反応の多様さに驚くことになる。さらに積極的に近寄ってくる子から遠巻きにしている子まで多様な子どもを相手にしなければならない。このような経験は，教育実習やアシスタントティーチャーとしてのボランティアでは得られない体験である。このような一つ一つの小さな体験の機会を学生に提供したり，学生が企画することを支援することが教員養成学部の役割ではないかと思うのである。

③状況依存の問題解決能力を育む

大学での教職に関する学びは，理論と実践という単純なくくりで考えると理論が多いと言わざるを得ない。理論を体系的に学んでおくことは実践する上でも大切なことである。しかし，理論が実践場面で有用となるためには，状況を勘案して問題解決を図る能力を鍛える必要がある。以前に比べれば実務家教員の授業も増えて実践的な内容の授業もあるとは言え，理論と実践を関連させて授業内でその具体的な活用を学ぶことは難しいと言える。そこで，理論を理論に終わらせない学び，実践場面における問題を実感し解決を図るような学びが必要となる。たとえば，問題行動のある児童生徒への指導場面，その保護者への対応など具体的な状況設定の中でロールプレイングを行うなどである。何がどのように難しいのか，どのような対応が求められるのかを実感できるようなシミュレーションはどうだろうか。このようなシミュレーションは，IT 機器を用いて学校現場をよく知る教師経験者が子ども役，保護者役として協力することでよりリアルに設定することが可能となる。また，大学内にとどまらず地域の人や多様な人たちとともにプロジェクト型の活動に参加する機会を提供することも，そこにある状況の中でできる最大の解決方法を他者とともに考えるという体験として有用なのではないかと思われる。このようなプロジェクト型の活動も，すべてを学部が提供するということではないが，このような活動が教師となる学生にとってどのような意義があるのかということを説明し，推奨して，実施のための支援体制を整えるということは大学が行うべきことではないかと考える。なお，このようなプログラムを提供，推奨，支援する場合，実施したことを振り返るステップを設定することは学部が行うべきであることは言うまでもない。

（2）学生自身が努力すべきこと

①教師としての自分をイメージする

教師をめざす学生にまず考えてほしいのは，自分はどのようなタイプの教師になりたいのかということである。何となく「こんな先生になりたい」「こんな先生にはなりたくない」という考えはあるものの，どのような教師なのか教師像がはっきりしない場合も多くある。教師像をはっきりとイメージできるとは，時間をかけて考え，自分のなりたい教師像を友人など他者が理解できるように説明できるようになることである。すぐにできなくともよい。考え続け少しでも説明ができるようになっていくことに意味がある。

自分のめざす教師像を描くことができれば，その像と現在の自分とのギャップを埋めるということが卒業時までの当面の目標になる。すべて到達することは難しいし，またその必要もないが，その方向にむけて努力を続けるということが重要なのである。なぜなら学生時代も教員になってからも，迷い躓くことはたくさんあって，予期せぬ不運に見舞われることもある。そのような辛いときに自分の進むべき方向が分かっていることが自分の支えになるからである。ゴールを見失わないということが支えになりうるのだと思う。

大学時代は，迷い悩むことが保障される時期でもある。教職には一見関係のないさまざまな経験がのちには教師という仕事につながっていく。それは教師が専門性を高めるという部分と個人的な部分つまり人間としての成長とが絡み合って形づくられていくものであるからだ。迷ったりゆらいだりすることを恐れることはない。迷いゆらいだあとには必ず自分の進むべき道ややるべきことがよりはっきりすることになるだろう。

②実践の中にある Living Theory に気づく

教育の研究と実践は必ずしも十分に連携して教育活動に有用な成果を出してきたとは言えない。それは教育に関する理論を実践におろして検証するという構図をとることが多いことが一因であろう。実際に教師の日常は忙しさをきわめ体力を要することから，教育活動の中に実践者でなくては気づきようのない Living Theory があることに無自覚である。

経験を積んだ教師は，多くの場合，児童生徒の反応や授業の進行の様子から，何かしらの確信を少しずつ持つということを行っているはずである。それは必ずしも明確な根拠として形づくられてはいないが「子どもたちはこう考える傾向がある」「このような授業をすると学習の定着がよい」などといった肌で感じるものである。

このように授業の中に埋め込まれたLiving Theoryを仮説として確認するプロセスは実践研究としての価値がある。なぜなら実践を通して同様に考えている人は必ずいると思われるからである。また肌で感じていることや何となくそうだろうと思っていることをエビデンスをもとに明らかにすることは，明確な確信となりその後の教材開発や指導にも大きな助けとなる。

学生の間は実際に授業をする機会も少ないことからLiving Theoryに気づくことは難しいと思われるが，授業者にしか分からない理論があるのだということを理解し，教師になったときに気づくことができるように柔軟な思考を身に付けるようにしたいものである。さらに現職の教師との交流がある場合には，教師が実践の中で気づいていることを注意深く聴いてみるとよいだろう。

③リフレクションできる人になる

4年間の学生生活とそれに続く教師としての長い人生において，たんに経験を積むことだけで熟達した教師になれるわけではない。授業が上手な教師というのは，自分の授業を振り返りながらどうしたらよりよくなるかということを考えつづけている人である。また自分以外の教師の授業を参観するときにも，常に自分だったらという視点を持っている。このような振り返り（リフレクション）の重要性は教師に限らず専門職の成長過程では必須のこととされているが（Schön, 1983），とくに日本の教師たちは，リフレクションの場を設定することや，自分でその機会をつくることを意図的に行ってきた。日本のほとんどの学校で行われている授業研究会（校内研）は，その代表的な形態である。同僚との対話的なリフレクションを通して，授業者が自らの授業を振り返りその後の授業について再考する機会となっている。

さらにある程度の経験を積んだ教師は，授業の中で児童生徒の反応を注意深く見取っている。さらにこのように授業中に見取ったことの意味を，授業後に考えている。一人で深く考えること（自己リフレクション）や，同僚との話し合い（対話リフレクション）など，異なるタイプのリフレクションの方法（芥川・澤本，2003）を自然と用いているのである。

このように自分を振り返るということは，教師になってすぐにできるというものではない。学生時代から教職に関わる学びだけではなく，自らを振り返り考える習慣をつけてリフレクションできる人になることが重要である。

5　学び続ける教師であるために

おそらく学び続けるということは私たちの人生そのものへの提言なのだと思う。ただし常に子どもの前に立つ教師は，学び続けている姿勢を見せなければならない。つまり，どのように生きているのかを常に問われることになる。同時に，教師という職業は子どもたちがよりよく生きて幸せになるための学びを支援する。そのために子どもたちに対して勉強するように，意欲的に取り組むようにと励ますことも多くなる。その際に，必ず自分の姿をみつめ，人を励ますだけのことをしているだろうかと内省することになる。これは辛いことでもあるが，教師としては成長の契機でもある。

このように成長しつづけるということを教員養成の段階から身をもって理解し，理屈ではなく楽しいもの，充実感のあることと捉えることができたら，長い教師人生もまた楽しいものになるのではないだろうか。教師になって初めて分かることもあるのは事実である。だからこそ，たんなる体験が経験として生きて働くための振り返り方法なども，少しずつ学生時代から経験できるよう，意図的なカリキュラムを提供できればと思う。

さらに学びたい人のための図書

グループ・ディダクティカ編（2007）『学びのための教師論』勁草書房。

▶教員養成期を経て初任教師となった人が力量を形成していく過程について，さまざまな事例を通して示されている。

今津孝次郎（2017）『新版　変動社会の教師教育』名古屋大学出版会。

▶教員養成および教員養成が一つながりとなって教師の成長を支えるという視点をさまざまな角度から論じている。

引用・参考文献

芥川元喜・澤本和子（2003）「新卒臨時採用教師における実践的認識の形成」『日本教育工学会誌』第27巻第1号，93-104。

家庭科の授業を創る会（2017）『9つのライフヒストリーにみる家庭科教師のくらしとキャリア　研究報告書』。

教育職員養成審議会（1997）「第一次答申」。

桜井厚（2002）『インタビューの社会学』せりか書房。

中央教育審議会（2012）「教職生活の全体を通じた教員の資質能力の総合的な向上方策について（答申）」。

西オレゴン大学教員養成カリキュラム［https://www.wou.edu/teachered/files/2016/03/EC-Preparation.pdf］。

ベネッセ教育総合研究所（2018）「学校教育に対する保護者の意識調査」。

堀内孜（2009）「タイ国における5年課程教員養成制度」『京都教育大学紀要』No. 114, 133-148。

Denzin, N. K. (1989) *Interpretive Interactionism*, Sage Publications. デンジン，N. K.／関西現象学的社会学研究会編訳／片桐雅隆他訳（1992）『エピファニーの社会学――解釈的相互作用論の核心』マグロウヒル出版。

Schön, Donald A. (1983) *The Reflective Practitioner: How Professionals Think in Action*, Basic Books.

第7章

教師を育てる校内研修

前田菜摘・浅田　匡

1　校内研修を捉え直すことの意義

（1）学び続ける教師は学校で育つ

「反省的実践家」（Schön, 1983）という教師像の出現は，教師教育そのもののあり方に大きな転換をもたらした。それまでの教師像は，豊富な知識と技術を身に付けた「技術的熟達者」であり，養成段階で“完成された”教師をいかに育てるかということに関心が注がれてきた。これに対し，反省的実践家としての教師は，どんなに経験を積もうとも“未完”であり続ける。教える専門家は，同時に学び続ける専門家であり，絶えず不確実な状況の中で省察を繰り返しながら自らを変容させていく必要がある。そのため，近年の教師教育では，大学での養成課程だけでなく，就業後も続く学びをいかに保障し，支えていくかが大きな課題となっている。

多くの教師たちにとって，最も身近な学びの場は，一日の大半を過ごす学校であろう。校内の研究活動や優れた先輩や指導者との出会いといった赴任先での経験は，その他の校外での経験や生活上の経験に比べても，力量形成にとりわけ影響を持つといわれている（山﨑・前田，1988）。学び続ける教師にとって，学校はたんなる職場ではなく，学びの場としても重要な意味を持つのである。

驚くべきことに，日本の教師たちは，100年以上も昔から，学校の中に実践的な学びの場を築き上げてきた。それが校内研修である。校内で学び続ける教師の育成こそが，これまでの日本の教育の質を支えてきたといっても過言ではないだろう。一つの学校文化として深く根付いたそれは，スティグラーら（Stigler & Hiebert, 1999）による紹介をきっかけに国外でも関心を集め，いまや教師教育における世界規模の財産となっている。教師の学びや成長のあり方が再定義される中，すでに日本では当たり前のものとして存在している校内研修について，改めてその価値が注目を集めているのである。

（2）校内研修の抱える課題

では，校内研修が上手く機能しているかというと，残念ながらそうとも言えない現状がある。細川・姫野（2007）が大阪府の教師を対象に行った調査によれば，校内研修が「とても役立っている」と回答した教師は27.9％にとどまっており，とくに中堅以上の教師による評価の低さが目立つ。校内研修の形骸化や不活性化の問題は，現職教育における喫緊の課題である。

自分自身の実践に向き合い，目の前の課題に対して協働的に学ぶ場であるはずの校内研修が，なぜ十分に活かされていないのだろうか。その要因として，学校を取り巻く社会の変化を無視することはできない。学校教育で求められる学力観が時代を経て変わってきているだけでなく，事務的な業務が授業や研究にかける時間を圧迫していることも事実である。また，大量採用による教職経験の偏りや，少子化による学校規模の縮小といった社会的背景が，学校組織の中での人材育成を難しくしているという見方もある（臼井，2016）。

しかしながら，「忙しくて時間がないから校内研修が機能しない」「校内の中堅層が少なく研修が成り立たない」といった因果図式に囚われている限り，研修の形骸化の問題は解決しない。浅田（2010）は，校内研修を上手く機能させることにより，個々の教師の授業実践力の向上と学校改善の両全が可能になると述べる。むしろ，大量退職，多忙化，といった学校が抱える現代的課題に立ち向かうためにも，一人一人の教師の学びだけでなく，学校改善の鍵として校内研修を“活かす”ことが求められる。

“活かす”と言っても，表面的な「やり方」や「進め方」を変えることでは，本質的な改善は期待できないだろう。筆者は，学びの場としての校内研修の性格について，今一度，定義し直す必要があるのではないかと考えている。

晴れて現場に出た新任教師の多くは，最初の勤務地となる学校で初めて校内研修というものに出合う。それが一体どのようなもので，何のために行われるのかをとくに学生時代に教わることもなく，着任した学校の方針に沿って参加し，先輩教師たちからノウハウを教わりながら，各々がその価値を意味付けていく。それゆえに，校内研修に対する認識は個人や学校によってさまざまであり，一貫した価値付けがなされていない。これは，我が国の校内研修が，長きにわたってある種の柔軟性を持って経験的に運営されてきたことの裏返しでもあろう。ある教師は研究授業の公開発表会のようなものと考え，ある教師は同僚と協力して良い指導案をつくるための場だと考える。退職間近のベテラン教師は自分の経験を後輩に伝えるための場だと考えているかもしれない。こうした一人一人の認識の持ちようは，自らが校内研修に対してどのように関わり，どのように学ぶかに影響し，研修全体の雰囲気や活力に影響する。

校内研修を通した教師の学びを捉えるための基盤は，教師教育研究にまつわる学問上の理解の側にも欠落している。校内研修の効果や意義に関する主張は数多く見られるものの，そこで生じている学びの実態については，じつはあまりよく知られていない。その理由の一つは，そこで生じる教師の学びが非常に複雑だからであろう。しかし，私たちはこの20～30年間で教師の学びを捉えるための新しい枠組みを得てきた。むしろ，省察や協働といった新たな概念を得てようやく，この複雑なシステムとして営まれる校内研修について，その一端を記述し得るときがきたのである。

2　学び続ける教師を支える校内研修

（1）レッスンスタディは学び続ける教師を育てるか

ほとんどの学校で「校内研修」の中核として位置付けられるのが校内授業研究会であろう。校内研修における教師の学びは，この「授業研究会」抜きに語ることはできない。その「授業研究会」が「レッスンスタディ（Lesson

Study)」として世界に発信されてから20年が経った。各国でレッスンスタディの導入が進むにつれ，当初は日本の取り組みの実態に焦点を当てていたレッスンスタディ研究も，近年では国や地域に応じた進め方や課題を追求する段階へと進んできている（小柳，2017）。

レッスンスタディの火付け役となったスティグラーとヒーバートの著作『*The Teaching Gap*』では，日本の授業研究が，問題提起，計画，実施，評価，修正，再実践，再評価，成果の共有という八つのステップで紹介されている（Stigler & Hiebert, 1999）。現在，世界中で取り組まれているレッスンスタディの多くは，彼らのモデルから派生し，指導案検討から研究授業，協議という一つの授業改善のサイクルを基盤として実践されている（これに事前実践が加わることもある）。たとえば，図7-1はイギリスのレッスンスタディを牽引するダドリーのモデルであるが，対象となる児童生徒の学習プロセスに焦点を当てることで協働的に授業改善を探求することがレッスンスタディの主軸となっている（Dudley, 2015）。

授業改善サイクルとしてのレッスンスタディは明快で理解しやすいため，その急速な広まりを可能にした。一方，このモデルが想定する教師の学びは近視眼的でもある。上述のようなレッスンスタディモデルが想定する学びを図式化すると，図7-2のようになるだろう。このモデルが前提としている学びは，言葉を介した知識の共有と，実践およびその観察を通じた新たな指導技術・方略の獲得である。鹿毛（2004）は，コロンビア大学グループのレッスンスタディモデルを例に取り上げながら，授業改善志向のレッスンスタディでは教師の長期的な成長について焦点化されないことを指摘する。それどころか，現実として，指導案の検討でいくら多くの相互作用や新しいアイデアの交流があったからと言って，必ずしも一人一人の学びが日々の実践に還元されるとは限らない（秋田，2008）。1時間の授業改善を単位とするレッスンスタディは，一見すると省察的で学び続ける教師を育てているようだが，個人レベルの学びを捉える上では，知識や技術を獲得し，個々の実践に転移するという「技術的熟達者」としての教師の学習モデルを脱却しきれていないのである。

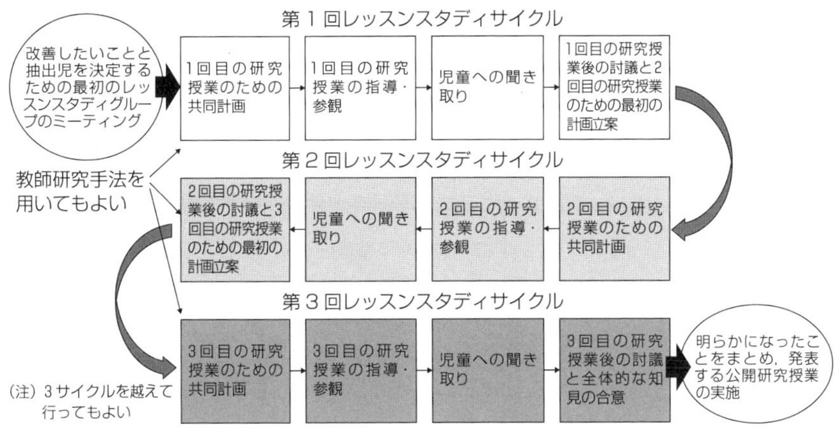

図 7-1　ダドリーのレッスンスタディプロセスモデル

（出所）Dudley（2015）より，訳は筆者。

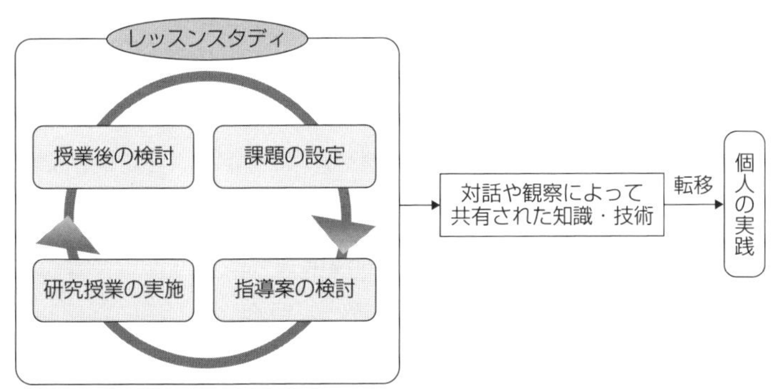

図 7-2　レッスンスタディが想定する教師の学びモデル

（出所）筆者作成。

ここで筆者が問題にしたいのは，1 時間の授業改善を目的としたモデルの下では，学び続ける教師を育てるための校内研修がめざす学びを扱うことはできないということであり，レッスンスタディや授業研究会それ自体に取り組むことが無意味だということではない。現に，レッスンスタディは確実に成果を結んでいる。しかし，レッスンスタディが想定するような学習モデルによって校内研修を理解することは，授業研究会を型はめに陥らせ，校内研修の学びを矮小化させてしまう危険性を持っている。校内研修がめざすべき学びは，より長期的かつダイナミックな視点で捉えられなければならないのである。

（2）研究活動としての校内研修

藤岡（1998）は，リフレクティブな授業研究が持つ意味として，「教師自身が自らの解釈の枠組みに気づくこと」「子どもの中に成立している学びの履歴を明らかにすること」「フィードフォワード情報（内的な促し）を得ること」を挙げている。つまり，教師たちは，授業を研究することによって，自己を知り，子どもの学びを捉え，続く実践へと促されるのである。それは，共有可能な知識を獲得したり，客観的事実を発見したりすることではない。いわば，終わりのない問いに挑み続ける探求のプロセスである。

「レッスンスタディ」が目を向けてこなかった側面は，日本の学校で行われている授業研究会の多くが，学校が主体となって取り組む一連の研究活動の中に位置付いているということにある（千々布，2014）。校内研修は「研修」であると同時に「研究」でもある。一つのテーマを持って研究に取り組んでいる学校は，公立中学校で90.7％，小学校では98.7％にも上る（国立教育政策研究所，2010）。つまり，本来，校内研修の中の一回一回の授業研究会のサイクルは，それぞれが個別の授業改善の場として機能するものではなく，1年もしくはそれ以上の長期的な研究活動の中で意味を持っている。そして，学校レベルでの研究が，現場の教師たちの持続的な探求を可能にしてきたのである。ところが，先述のような社会的変化に伴い，学校の問題に即したテーマを設定し，成果を報告書にまとめるといった「研究」としての側面は全国的に縮小傾向にある。

我々は，ともすると，実践に基づいて議論を行うことが省察的であるという誤解を抱いてしまいがちである。反省的実践家としての教師像を前提として校内研修の学びを理解するためには，「授業研究」と「授業研究会（共同授業研究）」を区別しておかねばならないだろう。筆者が2017年9月に関東圏内2都市の小中学校6校に勤務する教師120名を対象に行った調査では，「私は，日々，自分の実践を振り返る中で気づいたことを，次の機会に活かそうとしている」という項目について，「ややあてはまる（59.2％）」「よくあてはまる（39.2％）」

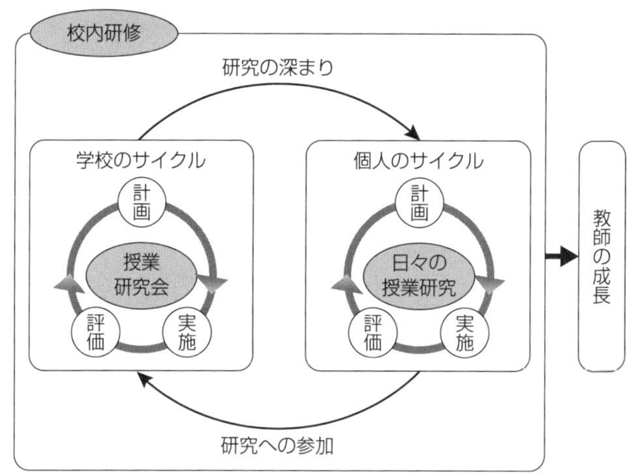

図 7-3　校内研修による学び

（出所）筆者作成。

と合計98％以上の教師が回答していた（4 段階中）。つまり，程度の差こそあれ，ほとんどすべての教師たちは，日々，「授業」を「研究」しているのである。「授業研究 "会"」は，授業研究の協同的な形の一つであり，個々人の授業研究を促進するきっかけとなる要素の一つにすぎない。反省的実践家の学びの場は，日々の自分自身の実践である。つまり，教師は，授業研究会で学ぶのではなく，あくまでも日々の授業研究の中で学んでいるという前提に立つ必要がある。

従来の多くの研究は，研修の場で表面化された「事実（知識）」を共有することが個々の教師にとっての学びであるかのように記述してきた（図 7-2）。そして，このような認識で授業研究会に参加している教師も少なくない。しかし，日々の実践の中で学ぶことを前提とした場合，校内研修や授業研究会が一人一人の学びに果たす役割は変わってくる。そこで，図 7-3 のようなモデルを提案したい。

このモデルは，1 時間の授業改善を単位とした知識の共有を目的とはしない。各教師は，学校改善を目的とした授業研究会に学校組織の一員として参加し，そこで得られた研究の深まりを元に日々の授業研究によって自ら学んでいく。

伊藤（1990）は，日常の授業そのものが校内研修の内容となるような日常性がなければ研修は有意義なものにはならないという。日々の授業研究を成長の基盤とするとき，受け身的な参加では学びは成立しえない。伊藤のいう“日常性”は，たんに隣のクラスの授業を見ることや自身が研究授業を行うといった，手続きとしての研修の身近さではないだろう。個々の教師の中で授業研究が日常的になされ，さらに校内研修における探求のプロセスを自らの実践の中に意味付けることができて初めて，校内研修は一人一人の学びを支える場として成立するのである。

（3）校内研修によって支えられた学び――A教諭の事例から

日々の授業研究とのつながりがあって初めて，校内研修での学び，つまり一人一人の職能成長は成立する。筆者が数年前に聞き取りを行ったA教諭の事例は，そのことを強く実感させるものであったので，ここで紹介したい。

A教諭は当時，新卒で着任したばかりであった。筆者は，彼女が1年間の校内研修に参加する中で何を感じ，何を学んでいるのかを探るために，年間5回の校内授業研究会ごとにインタビューを行った。表7-1は，A教諭が1年を通じて関心を寄せていた授業中の子どもたちの学び合いに関係する語りを一部抜粋したものである（前田・浅田，2019）。

6月の時点では，A教諭にとって，子どもたちの相互作用によって進む先輩たちの研究授業は憧れでしかなかったが，自分でも取り入れられそうな方法を実践してみようとする様子が見られる。7月の研究授業は，A教諭が授業者であった。先輩の実践を見たり意見を聞いたりしながら，ここで初めて児童同士のペア活動を取り入れており，普段の学級の関係性が活動の中で活きるということについて身をもって実感している。その後，少しずつペアやグループでの学習活動が日々の授業の中でもできるようになってきたというA教諭は，自分の実践や研究授業を参観する中で見つけた場面から，関わり合いを重視する授業観をより強めていく（9月）。日常的に関わり合いのある授業を実践できるようになった10月と1月の研究授業は，直接の行動や言葉として現れない子ど

表7-1　A教諭の語り

6月	私も隣同士での関わり合いをしたいなって思ってて，なので今日のそういう一場面は３年生でも参考になるなって。（中略）私なんか，一人言って，じゃあ拍手～とかって，そのやり取りしかやってなかったことを，子どもがリレーでつないでいく。私は今までキャッチボールだけで，１人の子にどう？　って聞いて，いいねーって。だんだん田中先生（仮名）みたいに，サッカーみたいに，子ども同士がポンってボール投げたら，勝手にやっていく感じで，そういうのをめざしたいなって……
7月	田中先生（仮名）なんかは，子どもたち同士の関わり方とかを見てて，そこのペアが会話が少なかったから関係性を築いてあげたほうがいいよとか，そういう視点で見てたりすると，なんか基本的な学級づくりが授業につながるんだなって。（中略）今は強制的に，お隣の人に説明してみましょうって。要するに言われたからやってるだけ。ただ知りたいから，お隣の人が何考えたか知りたいから，ペアトークしようってなるといいなって。
9月	グループ学習って良いなって思って。私も社会科でやることが多くて，グループ学習を。一個の地図を見て，何気づいたってやると，１人だったらきっと同じ視点ばっかりでなかなか見られないところを皆がいるから，ああだこうだこっちもって，友だちがいるから視野が広がるというか，それがすごい。やっぱりグループでやる意味はそういうところにもあるなって，すごい感じましたね，１年生のやつを見て。
10月	友だちのその発言，考えかたいいなぁ，算数でもやってみようっていうのが感化だと思ってたんですね。（中略）でも，なんか今日のやつ（図工の研究授業）見てて，（中略）あ，なんか長く伸ばしてるな，高く積んでるなって言いながらも，自分がやりたいことをやってるのを見て，（中略）友だちのやつ，いいな，だから自分も取り入れてみよう，じゃなくって，やってるのいいなっていうだけでも，いつかこれを思い出して，あぁ，あのときあの子あんなことやってたなって言って，そのときじゃなくて，いつか感化されて行動に出るのかもしれないんだなっていうのが，今日なんか自分の中で一つ広がった気がしたかなっていうのはありました。
1月	作る，組み立てるのって，別にしゃべんなくてもコミュニケーションとって，一緒に作るみたいな活動だったじゃないですか，今日。そういうの見て，なんか，私のコミュニケーションに対する見方が偏ってたのかなみたいなところがあって，（中略）話し合いで，しゃべってないじゃんって，話しなさいよっていうのを結構言ってて，言ってた部分があったんですけど，今日の木村先生（仮名）の授業見て，なんか別に違うんだなって思って。だからこそ，見取るのってすごく難しいなって。しゃべってるからコミュニケーションとってるなら，しゃべってる人をチェックすればちゃんとペアトークしてるって分かるんですけど，じゃなくて，ちゃんと見て，自分の中でなるほどって思ってるっていうのをどう評価したらいいんだろうって。

（出所）前田・浅田（2019）の研究から作成。

もたちの内面的な学習プロセスに気がつき，これまでの自分の指導について振り返るきっかけとなっている。

ここで注目したいのは，Ａ教諭の語りには，常に自分自身の実践に関する想起が含まれているということである（表7-1下線部）。校内研修の中でＡ教諭が得る学びは，常にA教諭が日々の実践の中で抱えている課題と隣り合わせなのである。彼女自身は3年生の担任で，7月に算数の研究授業を担当していた。しかし，授業研究会での同僚の言葉や実践のすべてが，教科や学年の壁をまたいで“自分事”となっている。言い換えれば，他の教師の実践を参観したり検討したりする中でも，自身の授業について研究し続けている。日々の授業の中での省察と校内研修に参加することによる気づきが絶えず往還しながら，授業に対する見方に変容をもたらし，そのことが校内研修の中でのA教諭自身の気づきにも影響を与えているのである。

A教諭が自分自身のこれまでの行動や見方を振り返り，次なる課題を認識しながら成長していく姿には頼もしさすら感じる。このように一人一人の教師たちは，協働的な研究プロセスに参加することを通して，明日からの授業を研究するための新たな視点と，その終わりのない探求に挑むためのエネルギーを得て，自らの力で学んでいくのである。

3　個人の研究と学校の研究を接続するもの

図7-3で示したモデルにおいて重要なのは，教師一人一人が，学校が行う研究活動と個人の授業研究とを，別個の経験ではなく，一体のものとして経験することである。この節では，そうした一人一人の授業研究を支える校内研修の実現のためにはどのような要素が求められるのかについて考えてみたい。

（1）協働的な探求に求められる関係性

言いたい放題言ってる人がいて，良い意味で，本当に。あの，お姉さん的な世代がいて，で，色々怒られて。でも僕とか色々若い男の先生が，こうなんじゃないですかとか言って，だから駄目なのよとか言われて。って言ってるところで管理職の先生がすごく良い人がいて，そこを見て，だからお前ら駄目なんだって言ってくれて，分かってねぇなとか言われて。そういうことで，管理職の先生にもいっぱい話を聞いたし，頼ってたし，折り合いをつけたりしてくれてたから，学校が回ってた

かなと思って。（B教諭へのインタビューより）

ある学校で研究推進を担うB教諭は，自身の新任時代の経験について懐かしげに語られた。この先生は今も熱心に研鑽に努めておられるが，当時から外部の研究会にも積極的に参加していたというその熱意を支えていたのは同僚の存在だろう。

2000年代以降，学び合う集団としての教師コミュニティを築く校内研修の機能に注目した研究が少なくない。坂本（2007）は，授業研究の学習効果として，直接的な学びのルートに加え，協働の機会を通じて関係性を築くことで日常的な学び合いを促進するというルートがあるという。また，学校組織の形骸化が個業化を増大させ，学校改善志向を抑制する方向に作用するという佐古（2006）の研究知見が示すように，組織の状態と個々の教師の指導困難や学校改善とは密接に関わっている。校内に協働的な関係を築くことは，個々の教師の成長を促すという意味でも，また，学校組織としての力を高める上でも大きな意味を持つ。

しかし，たんに校内の相互作用が頻繁であることが，必ずしも個々の教師の学びを促すわけではない。杉江・水谷（2017）は，「協同的な集団」が一人一人の成長につながるためには，協力や助け合いといった横の結びつきだけでなく，高め合いという上に向かう関係が含まれる必要があるという。学校改善を志向する協働研究としての校内研修を充実させるためには，よりよい授業をしたいという共通の想いと信頼関係の下で互いの授業観をぶつけ合うことのできる学習集団としての関係性が必要である。

学習集団として学校を捉える際にしばしば用いられる理論的枠組みの一つが，専門職の学習共同体（Professional Learning Community：PLC. Hord, 1997；DuFour & Eaker, 2009）である。PLCは，学習する組織（Senge, 1990）を起源とし，近年の研究では，実践共同体（Community of Practice；CoP. ウェンガー他，2002）などとほぼ同義のものとして扱われている（Vangrieken et al., 2017）。PLCを提唱するデュフォーとエーカーは，個々の教師の知識や技術ではなく，教員集団としての能力を重視しており，そのために「グループIQ」を高めることが効果的だと述べる。グループIQとは，問題を解決するために共に働き，学校を改善していく力である（DuFour & Eaker, 2009）。学校の問題を解決するべく，一貫したテーマを持って一つの研究プロジェクトを進めるという校内研修のプロセスは，それ自体がすでに学び合う集団のめざすものと親和性が高いと言える。

（2）学びと参加を促す“ビジョン”

こうした学習集団の構築が個々の教師の実践変容や児童生徒の学力に結びつくためには，たんに協働の機会があるということだけでは不十分であり，教育に関するビジョンが重要なファクターとなることが示唆されている（Vescio et al., 2008）。センゲ（Senge, 1990）は，共有ビジョンを，「自分たちは何を創造したいのか」という問いに対する答えだとしている。つまり，学校としての問いの立て方が，集団の形成において重要な役割を果たすのである。

だからこそ，研究テーマの設定は重要であり，それを探求することの学校や自分にとっての意味を，一人一人の教師が見出せるものでなければならない。校内研修のテーマとして，特定の教科を題材とした研究が行われることが少なくない。そのような研究を行う場合，研究活動は教科という文脈に依存しがちで，日常とは乖離しやすい。したがって，その教科を専門とする教師からの知識伝達，教授法の獲得といった方向に偏りやすく，参加者は受け身になりやすい。また，最近では，ボトムアップで意見を取り上げてテーマ設定を試みる学校もあるが，一人一人の関心を反映させるというだけでなく，同時に学校として探求する意義のあるテーマであることが重要である。

ここで重要なのは，全員に共通したテーマを設定するということではなく，そのテーマに対して，全員が今の自分にとって意味を見出すことができるかということである。両者は似て非なるものである。個人の関心や抱えている問題を引き出し，学校の関心と個人の関心の接続を促すリーダーの存在が必要不可欠である。近年では，組織のあり方の変化に伴い，リーダー観も変わりつつある。教育型リーダーシップ（Instructional leadership）と変容型リーダーシップ

（Transformational leadership）という二つのリーダーシップスタイルがある。教育型のリーダーは，リーダー自身が高い専門性を有し，直接的に教師に関わり支える。変容型のリーダーは，組織のビジョンを提示し，教員が協働や授業改善に向かう動機を高める（Hallinger, 2003）。先輩教師が若手教師に自らの経験を伝え，授業について助言する上で，教育型リーダーの存在は不可欠である。しかし，正解を持たない探求のプロセスにおいては，教育型リーダーシップだけではうまく機能しない。とくに，若い教師の参加を可能にするには，リーダーが多様な意見に耳を傾け，ビジョンと照らしながら意味付けていくことが求められる。

また，ビジョン達成に向けた参加のあり方として，「コミットメント」というものがある（Senge, 1990）。これは，積極的に関わるレベルの参画を越え，ビジョン達成のためには既存のルールさえも変えるだけの高いレベルの参加を指している。学校をよりよくしようという共通の想いのもとで校内研修に臨むとき，そこにある“そもそも”を疑い，ときには変えていくことも必要である。自身の関与が結果として学校改善に結びつくとき，校内研修の中身もまた，形式を離れ，真に協働的で柔軟なものになるのである。

（３）成果は何か

校内研修が学校改善や組織革新のための研究活動であるからには，成果（プロダクト）が存在するはずである。以前，ある校長先生が，「教職員は風で，学校は土」だとおっしゃられたのを記憶している。どんなに優れた力量ある教師でも，数年すれば異動してしまう。A教諭もB教諭も，数年後には他の学校の教壇に立っているだろう。しかし，子どもたちは３年間あるいは６年間，その学校で学んでいく。研究の成果が本当にその学校の子どもたちのためになるには，その学校の教師たちの間で共有でき，これからも日々の実践に活かすことのできる「何か」が必要である。しかしながら，学校が発行する研究紀要や報告書は，その多くが実践の報告にとどまっており，読み手が学ぶことのできる共有可能な研究成果になっていない。

校内研修におけるプロダクトとして注目されているのが学校ベースのカリキュラムである。指導要領の改訂に伴い，各学校がカリキュラムを編成していく力量がより要求されることになると言われている（田村，2014)。つまり，学校の課題解決と教育目標達成の手段としてカリキュラムを活用していく「カリキュラムマネジメント」の力が，各学校に求められている。まさに，学校改善と密接に関わる成果である。

教育という営みにおける成果は，簡単に観察できるものではない。しかし，探求の成果は，形として残されることによって，世代や地域を越えた教師たちの対話を可能にする。そのためにも，校内研修を通じて生み出されたプロダクトが明文化され，蓄積，共有されていくことが意味を持つ。カリキュラム開発などといった長期的な目的を持った研究に取り組むことは，その学校の研究の歴史を刻むことであり，そこに記述された中身以上に大きな意味を持つのである。

4　校内研修のこれから

（1）校内研修をデザインする

前節での話は，あくまでも校内研修のモデル（図7-3）が理想的な状態で機能している場合に成立するものであり，現実にはそう簡単には上手くいかない。全員の関心に基づいたテーマを設定し，カリキュラムレベルの成果をめざして研究を行うことは，一朝一夕に見通しが立てられるものではないだろう。校内研修で学ぶ教師はA教諭だけではないし，カリキュラム開発研究を謳った校内研修に取り組めば協働的で高いグループIQを持った集団が自ずと形づくられるわけではない。それどころか，ただでさえ近年の学校現場は，教師同士がインフォーマルに授業の会話をしたり，自主的に学び合う時間や場を設けたりすること自体が難しくなってきている。

一人一人が学校の研究活動と自身の授業研究を一体として捉えるためには，それらを結びつけるような校内研修全体としてのデザインが要求されるのである。

筆者があえて“授業研究会”ではなく“校内研修”に焦点を当てる理由はそこにある。授業研究会という形の取り組みは，いわば校内研修でめざすビジョンの達成のための一要素でしかない。授業改善ではなく学校改善を志向した探求を保証するためには，授業研究会ありきで校内研修を組み立てることは適切ではない。学校主体の研究をデザインすることは，型はめに陥りがちな校内研修の進め方自体に対する問いを可能にする。何のために研究授業を行うのか，全員１回の研究授業が必要か，協議会は学年グループで話し合うべきか，といったことの一つ一つが，研究の目的に適ったものでなければならない。そこに正解となる型は存在していない。あくまでも，校内研修としての課題があり，その目的に即した形で取り入れられて初めて授業研究会が活かされるのである。

校内研修をデザインするとは，学校をどうしたいか，子どもたちにどう学んでほしいか，という教師たちのねがいや思いと直結している。校内研修に取り組むことは，一見大変な労力に感じられるが，日々の関心と両全されることで，成果として報われる。そのようなサイクルのもとで，結果として教師は学び続けられるのである。現場で行われる研究は，とても興味深く貴重な気づきにあふれている。目の前の子どもたちの思考や学びの過程に密着した探求は，むしろ現場の教師の特権でもある。教師たちが，日々，探究心を持って教壇に立つことができる校内研修の実現が期待される。

（2）校内研修を研究することが教師教育に果たす役割

最後に，校内研修を研究対象とするとき，我々研究者はどのようにこの複雑な学びのシステムを対象化すればよいのだろうか。本章の核である，「研修」であり「研究」であるという校内研修の持つ両義性こそ，そこに参加する一人一人の教師の学びのあり様を理解することを難しくしている。

第一に，学校組織，教師文化，校内授業研究のそれぞれに関する研究知見が統合的に探求されていく必要があるだろう。校内研修には，「組織的文化的な側面」と「個々の専門性向上の側面」が含まれるが，それぞれの知見が十分に統合されていない現状がある（姫野，2012）。いずれの切り口から迫るにせよ，校内研修そのものを対象とするためには，より複合的な視野からの研究が求められていることは確かである。

第二に，校内研修の中で生じる学びを捉えるには，中・長期的かつ包括的なデータが必要とされる。1回の授業研究会からだけでは，学び続ける教師の成長を捉えることは不可能である。校内研修の中の授業研究会が，どのように個々の教師が取り組む日々の授業研究に結びつき，学びを促しているのかを捉えるためには，ある程度の期間と幅広いデータを得る必要があるだろう。しかしながら，このようなデータの収集は難しく，未だ実証的な研究がほとんど存在していない。

校内研修の中での教師の学びを明らかにすることは，実践の中で教師が学ぶとはどういうことか，また，それを支えるために何が必要なのかを理解する上で大きな意味を持つ。教師像の転換以来，反省的実践家としての教師の専門性が探られてきた。今や，反省的実践家としての教師を育てることへと関心が移行してきている。これまで学び続ける教師たちを育ててきた校内研修は，この問いに対して多くのヒントを提供してくれるはずである。

しかしながら，校内研修を探求するための確立したアプローチは存在していない。さまざまなアプローチによる知見を統合していくことも必要であるが，一方で，まったく新しい取り組みにも期待される。研究活動を主軸とする校内研修は，ある種，学校改善のためのアクション・リサーチでもある。現場の教師たちがアクション・リサーチャーとして校内研修に臨むとき，研究者はどのように関与すべきだろうか。第三者的視点からの分析だけでなく，共同探求者としての研究者のアプローチそのもののあり方を考えていくことも必要である。

さらに学びたい人のための図書

秋田喜代美，キャサリン・ルイス編（2008）『授業の研究　教師の学習』明石書店。

▶授業を研究することを通じた教師の学びについて，多角的な視点から接近を試みている。

千々布敏弥（2005）『日本の教師再生戦略』教育出版。

▶日本の教育の優れた点を大切にしつつ，近年の動向を踏まえて授業研究の課題に前向きに向き合うことのできる一冊。

ピーター・M・センゲ／枝廣淳子・小田理一郎・中小路佳代子訳（2011）『学習する組織』英治出版。

ピーター・M・センゲ／リヒテルズ直子訳（2014）『学習する学校』英治出版。

▶もとは企業のマネジメントを対象として書かれているが，分かりやすく，また，学校組織についても転用できる考え方が多くある。

引用・参考文献

秋田喜代美（2008）「授業検討会談話と教師の学習」秋田喜代美，キャサリン・ルイス編『授業の研究 教師の学習――レッスンスタディへのいざない』明石書店，114-131頁。

浅田匡（2010）「教師の成長を支援する」『教育と医学』58(12)，1104-1110。

伊藤功一（1990）『校内研修』国土社。

ウェンガー，E.・マクダーモット，R.・スナイダー，W. M.／野村恭彦監修，野中郁次郎・櫻井祐子訳（2002）『コミュニティ・オブ・プラクティス』翔泳社。

臼井智美（2016）「学校組織の現状と人材育成の課題」『日本教育経営学会紀要』58，2-12。

小柳和喜雄（2017）「Lesson Study の系譜とその動向」小柳和喜雄・柴田好章編著『Lesson Study（レッスンスタディ）』ミネルヴァ書房，2-18頁。

鹿毛雅治（2004）「『レッスンスタディ』と『授業研究』」『ネットワーク年報』東京大学，7-10。

国立教育政策研究所（2010）「校内研究の現状と課題に関する分析――全国の小中高等学校に対する調査の結果を踏まえて㊤」『週刊教育資料』No. 1136（2010年10月18日号），35-45。

坂本篤史（2007）「現職教師は授業経験から如何に学ぶか」『教育心理学研究』55，584-596。

佐古秀一（2006）「学校組織の個業化が教育活動に及ぼす影響とその変革方略に関する実証的研究」『鳴門教育大学研究紀要』21，41-54。

杉江修治・水谷茂（2017）『教師の協同を創る校内研修』ナカニシヤ出版。

田村知子（2014）『カリキュラムマネジメント』（日本標準ブックレット13）日本標準。

千々布敏弥（2014）「授業研究とプロフェッショナル・ラーニング・コミュニティ構築の関連」『国立教育政策研究所紀要』143，251-262。

姫野完治（2012）「校内授業研究を推進する学校組織と教師文化に関する研究(1)」『秋田大学教育文化部教育自薦研究紀要』34，157-167。

藤岡完治（1998）「仲間と共に成長する」浅田匡・生田孝至・藤岡完治編『成長する教師』金子書房，227-242頁。

細川和仁・姫野完治（2007）「授業実践に対する教師の『成長観』と成長を支える学習環境」『教師学研究』7，23-33。

前田菜摘・浅田匡（2019）「学校研究としての校内研修の若手教師の変容に対する機能」『教師学研究』22(1)，13-23。

山﨑準二・前田一男（1988）「教師としての成長を支えるもの」稲垣忠彦・寺崎昌男・松平信久編『教師のライフコース』東京大学出版会。

DuFour, R. & Eaker, R. (2009) *Professional Learning Communities at Work*, Solution Tree Press.

Dudley, P. (2015) "How Lesson Study works and why it creates excellent learning and teaching", In Dudley, P. ed., *Lesson Study: Professional learning for our time*, Routledge, pp. 1-28.

Hallinger, P. (2003) "Leading Educational Change: reflections on the practice of instructional and transformational leadership", *Cambridge Journal of Education*, 33(3), 329-351.

Hord, S. M. (1997) "Professional learning communities: Communities of continuous inquiry and improvement", Southwest Educational Development Laboratory.

Schön, D. A. (1983) *The Reflective Practitioner*, NewYork: Basic Books.

Senge, P. M. (1990) *The Fifth Discipline: The Art and Practice of Learning Organization*, Doubleday/Currency（センゲ，P. M.／枝廣淳子・小田理一郎・中小路佳代子訳（2011）『学習する組織』英治出版）.

Stigler, J. W. & Hiebert, J. (1999) *The Teaching Gap*, Free Press.

Vangrieken, K., Meredith, C., Packer, T., & Kyndt, E. (2017) "Teacher communities as a context for professional development: A systematic review", *Teaching and Teacher Education*, 61(1), 47-59.

Vescio, V., Ross, D., & Adams, A. (2008) "A review of research on the impact of professional learning communities on teaching practice and student learning", *Teaching and Teacher Education*, 24(1), 80-91.

第8章

教師を育てるメンタリング

浅田　匡

1　新任教師の1年

新任教師が，教師として仕事をはじめた4月から1年間にどのようなことに悩み，またどのようなことに喜びを感じ，自分自身の成長を実感しながら，教師として経験を積み上げていくのだろうか。

新任教師が求めることとして，①教室の規律，②生徒の学習意欲（動機），③生徒の個人差への対応，④生徒の学習（活動）の評価，⑤保護者との交流，⑥仕事を整理すること，⑦適切な指導のために十分な教材を入手すること，⑧生徒の個人的な問題に対応すること，⑨授業準備時間が不十分であるコース（授業）の負荷が大きいこと，⑩同僚と仲良くやること，といったことが明らかにされている（Veeman, 1984）。また，ゴードンら（Gordon et al., 2000）は新任教師がとりわけ必要とするニーズを明らかにした。それによると，a)教室を経営すること，b)学校システムについての情報を得ること，c)授業のためのリソースや教材を手に入れること，d)授業の設計や授業を体系的につくる，e)授業を運営するというだけではなく，他の専門職としての責任，f)生徒を評価するだけでなく，生徒の進歩を評価する，g)効果的な教授方法を用いる，h)個々の生徒のニーズ，関心，能力に対応し，問題に対処する，i)校長などの管理職，他の教師を含む同僚とコミュニケーションをとる，j)保護者とコミュニケーションをとる，k)教室環境と教室での役割に合わせること，l)情緒的なサポートを受けること，が新任教師が求めることである。これらは，浅田

(1988) が示した新任教師が捉える問題状況である，教師としての職業的社会化，授業を中心とした教師自身の問題，子どもへの対応，保護者への対応，とも一致する。すなわち新任教師は，教える役割，カウンセラーの役割，評価者としての役割など，複数の役割を果たさなければならず，多岐にわたるニーズを持っていると考えられる。

また，新任小学校教師の１年間にわたる経験過程を明らかにした曽山(2014) は，〔子どもの理解と子どもへの関わり〕〔教師としてのアイデンティティ〕〔周囲の環境，人間関係〕の三つの様相に関わる経験が重要な意味を持ち，その経験は１年間にダイナミックに変化することを明らかにしている。〔子どもの理解と子どもへの関わり〕とは，子どもに対する正確な知識を獲得していくことであり，その知識を子どもとの関わりに生かしていくことが重要だということである。それは教師の思い込みではなく，繰り返し授業における子どもの活動などを内省し，教師なりに子どもを捉えているという感覚を持つことができるようになることである。〔教師としてのアイデンティティ〕とは，「本当に先生として子どもに何ができているのか？」といった教師としてのあり方に悩みながらも，徐々に校内研修など肯定的（積極的）に職業参加に向かっていくことである。つまり，教師としてのアイデンティティの確立に向かう経験を積み重ねることであり，新任教師が主体性を発揮できるかが重要な鍵である。最後に〔周囲の環境，人間関係〕とは，教師の成長過程において，いわゆるリアリティ・ショックといわれる，授業やその他の仕事に圧倒され自分自身の仕事に見通しが持てないことである。一方，子どもとの関係によって癒されることが多い。このように，同僚教師との関係や子どもとの関係は，新任教師の成長を促進する要因にも阻害する要因にもなりうる。これらの結果を踏まえ，曽山は，①勤務校のルールなどを説明することによるリアリティ・ショックを和らげること，②教師像の構築に向けて自らの実践を振り返る時間と精神的余裕を確保すること，③新任教師が主体性を発揮できるように尊重すること，が新任教師へのサポートとして求められると指摘している。

また徳舛（2007）は，若手小学校教師がどのように学校という実践共同体に

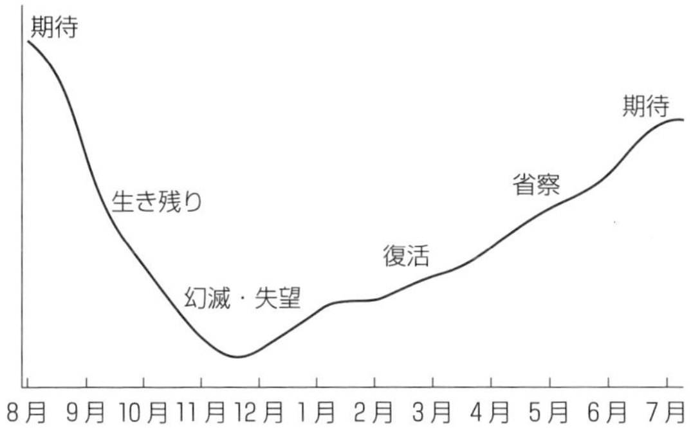

図 8-1　教えることへの新任教師の態度の 5 フェーズ

（注）アメリカにおける研究のため，学校の新年度は 9 月開始である。

（出所）Moir（1999）

参加していき，教師として学習していくか，を明らかにしている。それによれば，「教師とはどうあるべきか」「子どもとどう向き合うか」という子ども観等を含む教師像，「教師として未熟である」という現状の自己認識，自らの実践に対して新たに意味付けと問題点・改善点の気づき，教師としての経験の重要性，学校内外での同僚教師や保護者等との関わり，といったことが教師として学習し成長していくために考えるべき要因である。

新任教師の 1 年は，このように「疾風怒濤の時代」であり「第二の誕生の時代」でもあるといえるのではないだろうか。この時期をモイアー（Moir, 1999）は，新任教師の教えることへの態度を五つのフェーズから捉えている（図 8-1）。

まず，「期待（anticipation）」というフェーズである。新任教師は教師として教壇に立つ前には，理想に燃え，興奮するとともに不安を感じている。学校が始まり 1 か月間は，予期していなかったさまざまな問題に直面する。授業を行うこと以外にも給食や保護者への対応，あるいは学級経営といわれる教室のルーチンや手続きの確立など，組織上の課題を解決し，それに責任を持たなければならない。すなわち，授業準備など授業だけのことを考え行えばよいということではなく，まさに「生き残り（survival）」の段階である。さらに，「幻滅・失望（disillusionment）」フェーズへと新任教師の状態は落ち込んでいく。

教師として3か月を経る頃になると，教師は自分自身の関わり方や自分の教師としての能力に疑問を抱きはじめる。具体的には，保護者との懇談などの保護者への対応，校長や指導主事などの授業参観など，日常の授業を行う以外にもさまざまな仕事に直面することになり，かつ，それを上手く行っていくためにさらに頑張り続けることが必要になる。新任教師にとっては疲労困憊の時といえる。このフェーズを乗り越え教師として生き残ることは，新任教師にとって最も厳しいことであるかもしれない。この幻滅・失望のフェーズを乗り越えると，「復活（rejuvenation）」フェーズになる。夏休み（欧米では感謝祭からクリスマス休暇）などに時間的余裕を持つことができ，教師は気力が増し元気を取り戻したと感じるようになる。これまでの経験を踏まえ，教師としての仕事をより理解し，新たな希望を持つようになる。したがって，教師として何とか一学期を生き残ったという安堵とこれからの希望を持つことができ，態度や考え方が緩やかではあるが上昇していく。そして，新任教師として一年を見直すようになる「省察（reflection）」フェーズに至る。新任教師は，カリキュラム，授業運営や学級経営，さらに自らの教授ストラテジー（指導のあり方）を見直す。この見直すとは，自らの授業で上手くいったことを振り返り，それとは違うこと（新しい取り組み）をするという段階を意味する。さらに，自己を分析し，次年度のことを考えはじめるのである。

このような新任教師の授業あるいは教師のあり方に対する態度の変化の過程をみてみると，新任教師だけでは教師として成長していくことがはなはだ難しいと考えられる。それゆえ，新任教師を支援するあるいは指導する存在が不可欠となる。その存在が，メンターである。

2　教師の発達支援としてのメンタリング

新任あるいは若手教師の現職教育として，なぜメンタリングが重要な役割を果たすのだろうか。それは今津（1988）が指摘した，教師教育パラダイムの転換が具体的な形として現れてきたからであろう。「教師個人モデル」から「学校教育改善モデル」への教師教育パラダイムの転換により，現職教育がますます重要になってきたのである。それは，教師の質（専門性）を教師個人が身に付けている知識，技能，態度だけに求めるのではなく，教師－子ども関係を中心とする教師の役割行動を改善することを通じて，授業を核とした学校教育そのものの質を向上させることに求めるのである。そのプロセスを通して，教師個々は教師として求められる知識や技能を生み出し獲得していく。そこでは，研究授業を中核とした校内研修における教師同士の関係が問題になる。すなわち，教師同士の発達支援関係が教師の成長をある意味左右するのである。この教師の発達支援関係がメンタリングである。

メンタリングは，生涯発達において大きな役割を果たすことが明らかにされてから，仕事場におけるメンタリングの役割が探求されてきた。クラム（Kram, 1988）は，メンタリングの機能として，キャリア機能と心理社会的機能に大別し，それぞれに含まれる具体的な機能を明らかにした（表8-1）。新任教師の１年間の経験の過程において，それらの機能はどういう時期に，具体的に新任教師に必要とされるのだろうか。

乾・有倉（2006）は，小学校教師９名のメンタリング経験に関するインタビューに基づきメンタリング尺度を作成し，クラムのメンタリング機能が教師にどのように捉えられているかを明らかにしている。それによると，キャリア機能では，学級経営の充実，学習指導の推進，保護者への対応，教師の資質向上，校務・学級事務の推進など八つの内容領域においてキャリア機能を有するメンタリングの経験が報告され，一方心理社会的機能では，生徒指導に関するもの，職場内の人間関係に関するもの，友好的な関係性など九つの内容領域において心理社会的機能を有するメンタリングの経験が報告された。生徒指導，保護者への対応，学級経営，学習指導，管理職任用，校務・学級事務に関するメンタリング行動は，キャリア，心理社会的機能のいずれも有していた。さらに，このメンタリング尺度による247名の小学校教師を対象とした調査の結果，役割モデル（role model）の機能を持つメンタリング行動を20，30歳代の教師が50歳代の教師よりも受けていること，20歳代よりも30歳代以上の教師が支援

表 8-1　メンタリングの機能

機　能		具体的な行動
キャリア機能	支　援 (sponsorship)	メンティが望ましいプロジェクトに参加できるように，また望ましい配置異動や昇進が可能となるように支援する行動
	推薦と可視性 (exposure & visibility)	メンティの将来の機会が向上するような仕事に推薦。メンティの存在を組織の意思決定者に知らしめる行動
	コーチング (training/coaching)	メンティとアイデアを共有しフィードバックをもたらし，仕事の目標を達成するための戦略や手法を提供する行動
	保　護 (protection)	メンティの評判を脅かすような不必要なリスクを削減し，リスクからメンティを護る行動
	仕事への挑戦性の向上 (challenging assignments)	挑戦しがいのある仕事をメンティに割り当てることを意味する行動
心理社会的機能	役割モデル (role model)	メンティにとってふさわしい態度や価値観に関する役割モデル（手本）を演じる
	容認と確認 (acceptance & confirmation)	メンティを一個人として尊重し，メンティに対して無条件に肯定的な関心を伝える
	カウンセリング (counseling)	メンティがオープンに心配や悩みについて語ることができるような場や機会を提供する働き
	友　好 (friendship)	仕事上で出会ったメンティとの間にインフォーマルな相互関係を築く働き

（出所）Kram（1988）

(sponsorship) 機能のメンタリングを受けていることが明らかにされた。教師教育におけるメンタリングは，教師の成長につれてその内容領域は変化するが，長期にわたり行われていると考えられる。

また，藤井・鈴木（2009）はクラムのメンタリング機能に基づき22項目からなるメンタリング機能尺度を作成し，初任教師201名，拠点校指導員52名，校内指導員117名を対象に因子分析を行い，①人間関係調整機能，②心理的サポート機能，③授業力向上スポンサーシップ機能，の３因子を抽出した。これらのメンタリング機能の中で，初任教師は，「保護者とのトラブルが起こらないように配慮してくれた」や「仕事で失敗したときにかばってくれた」など人間関係調整機能をメンタリングとして最も受容していることが明らかになった。さらに，初任教師の学校組織へのコミットメントには人間関係調整機能が大きく影響し，自らのストレスやバーンアウトには「保護者とのトラブルが起こら

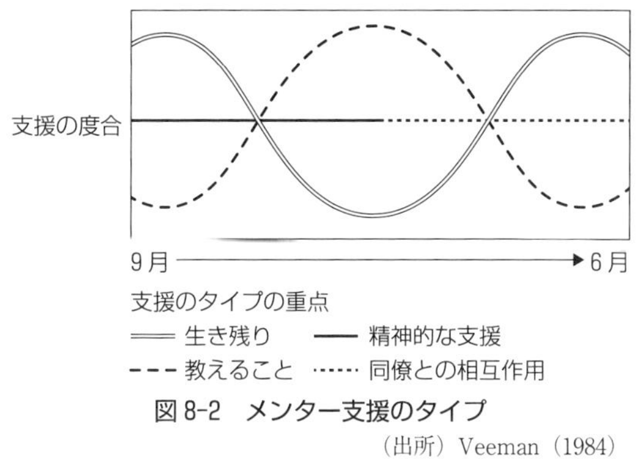

図 8-2　メンター支援のタイプ

（出所）Veeman（1984）

ないように配慮してくれた」「仕事で失敗したときにかばってくれた」などの心理的サポート機能が大きく影響することが示された。コミュニケーションが苦手な初任教師はメンタリング機能を指導者（メンター）から十分に引き出し，受容できていないことも明らかにされた。したがって，初任教師にとっては授業実践力の向上を主とするキャリア機能よりも，先輩・同僚教師や保護者との人間関係の問題への対応あるいは仕事上の悩みや失敗への対処といった心理社会的機能が重視されると考えられる。

一方，ヴィーマン（Veeman, 1984）は，マズローの欲求の 5 段階説に基づき，新任教師は生き残りのニーズが満たされてはじめてより高次のニーズを扱うことができるようになるのであり，学校の約束事（仕事上のルールなど）を知り，生徒を引きつけ，生徒が学習する準備ができていることを確立してはじめてカリキュラム・デザインや複雑な授業のあり方を考えることができるとして，1 年にわたるメンターの支援のタイプを示している（図 8-2）。

メンターの支援は，学校という組織への社会化と教室での子どものコントロールができるためにカリキュラムや授業以外に関する生き残りのための支援が中心であり，その後カリキュラムや授業を子どもに合わせて考えるための支援が多くなる。具体的には，給食費など学校事務に関わることや生き物の世話や花壇の整備，さらには教室で生き物を飼うことなど，教室内外の環境整備などの仕事を行えるようになること，また，教室ルールの導入など，教室においいて子どもをコントロールすることができるようになることが，メンターの支援の中心となる。授業を中心に考えれば，学級経営がメンターの支援の中心になると考えられる。その後，同僚教師と円滑な交流もできるようになり，教材研究，一人一人の子どもに応じる授業をどうつくるか，という授業内容，子ども，そして教師の指導法を含む，教授行動とを関連付けた，「教えること（授業）」を中心とした支援に重きが置かれることになる。しかしながら，子どもとの関係，子どもの学習活動や自らの指導が必ずしもうまくいくわけではなく，「子どもにとってよい授業とは？」「私自身の教師としての資質や能力は十分なのか？」といった悩みが生じてくる。授業の支援というよりは，再び生き残りの支援が中心となる。このように，新任教師の成長を支えるメンタリングは，クラムの分類したキャリア機能と心理社会的機能とが，教師のニーズに応じて行われると考えられる。

したがって，教師の効果的な職能発達には，学習者である教師のニーズを理解し，教師の成長を促進するような適切なストラテジーを選択することが必要であり，メンタリングは教師のニーズの理解とストラテジーの選択という発達支援のデザイン課題であることになる。

3　メンタリングが教師の成長にもたらすこと

(1) メンティの成長にとってのメンタリングの利点

メンタリングは教師の成長発達を支援する重要な教師教育の要素であるが，それは教師にとってどのような効果があるのだろうか。

新任教師に対するメンタリング研究の知見をレビューしたホブソンら (Hobson et al., 2009) によると，以下のように整理される（表8-2)。

それによると，メンタリングは新任教師の職能発達を支援する重要かつ最も効果的な教師教育の一つの形である。とくに，情緒的，心理的なサポートが新任教師にとっては大きな意味を持つことが明らかになっている。また，学校という特定の組織の規範や期待に適合することを支援するという，新任教師の社

表 8-2　新任教師へのメンタリングの利点

利　点	具体的な利点
情緒的，心理的サポートの提供	・孤立感を軽減する ・自信や自尊感情を高める ・自らの困難な経験を大局的にみることができる ・自らの士気や仕事の満足度を高める
授業に関する能力の発達支援	・教室（学級）経営のスキルが向上する ・自己リフレクション能力を改善する
職業的社会化の支援	・勤務校の規範や期待に適合する ・自らの時間と仕事量を管理する能力を高める

（出所）Hobson et al.（2009）より作成。

会化においてもメンタリングは重要な役割を果たしている。新任教師の五つのフェーズからなる授業（教えること）への態度（図 8-1）にみられたように，新任教師にとって次から次へと直面する仕事に対処していかなければならず，自らの時間や仕事量を管理できず，教師であることに幻滅・失望していく。生き残りからこの幻滅・失望の時期にメンターによる職業的社会化に関する支援において，情緒的心理的なサポートが，新任教師の離職を軽減するということも含めて，新任教師には大きな役割を果たすことになると考えられる。

一方，教授スキルなどの授業に関する支援，すなわちキャリア機能が，新任教師の成長に直接的に影響しているといえる十分なエビデンスは，必ずしも示されていないようである。新任教師に対するメンタリングがキャリア機能の面では十分に機能していないということではなく，教授スキルの発達といった教師の授業実践に関する能力領域の研究の難しさ，また新任教師に対する多様な教育プログラムの効果とメンタリングの効果を区別することの困難さといったことから，教授スキルの発達といったキャリア機能の直接的な影響が明確ではないと考えられる。

次に，中堅教師の成長にメンタリングはどのように影響しているのだろうか。石川ら（石川・河村，2001）は，中堅教師は専門家としてのさらなる成長が求められるが，実際には授業のパターン化による硬直化，管理的な立場になっていくにつれて学校という制度への過剰な適応が求められることによって，教師

表 8-3　中堅教師に対するメンターの姿勢

メンターの姿勢	具体例
気づきの促し	逆はどうですか？／それはどの辺で思ったのでしょう？／他に何かありませんか？／具体的なイメージを提示してください
受　容	なるほど，それでいつも休憩に入る？／そうだね，それはかなり生かされている感じがしますけど／なるほど，その辺りを受けていたんでテストの性格についてやっぱ説明していたんだ
興　味	あと，内容としてもかなり面白かった／それは面白いね，いや何かかなり面白い
批判的姿勢	後ろで見ていて感じたのは，最初に乗ってきたのがやっぱり女子が多かったということ。やっぱりなぜ男子は乗ってこなかったのかな。だったら混合だったらどうかな？

（出所）石川・河村（2001）より作成。

自らの創造性の喪失の危機に直面していると捉え，中堅教師のメンタリングではメンターと中堅教師は対等な立場での批判的な友人（critical friend）の関係を築き，メンターが中堅教師のリフレクションを積極的に促すことであるとメンタリングを定義している。そして，メンターは，表 8-3 に示すような姿勢で中堅教師に関わっていることが具体的に示された。

これらメンターの批判的姿勢が深く関わるのは，①板書のタイミングや教室内での立つ位置など指導技術の問題は行動の変化へとつながりやすい，②中堅教師が気づいていなかった自らの信念を自覚化することに有効であり，深い思考を促す，③気づきは授業者自身の行為そのものよりも現実の生徒を見て感じて始まる，④問題点を指摘し，その解決の方向性について過去の経験を合わせて思考し，自らの考えを再検討する，ということにおいてであることが明らかにされた。中堅教師におけるメンタリングは，情緒的心理的なサポートよりも，授業に関する教授スキルの変化や授業に関連する信念や思考を促すことが中心となるようである。

このように，新任教師に対するメンタリングと中堅教師へのメンタリングは明らかに異なっている。新任教師のメンタリングは心理社会的機能が中心であるのに対し，中堅教師はキャリア機能が中心となっている。それは，メンタリング・モデル，とりわけメンタリング関係の違いにあると考えられる。メンタリング関係はメンタリングの効果を大きく左右されるといわれ，長期にわたるメンタリングにおいては，メンターとメンティとの関係の変化がメンタリングの機能に影響すると思われる。

（2）メンターにとってのメンタリングの利点

メンタリングは互恵的関係であり，メンティだけでなくメンター自身の職能発達や個人的成長に影響を持つとされる。初任者研修指導教員は必ずしも現職教員でない場合が多いようであるが，メンタリングを経験することはメンター自身の授業実践を批判的リフレクションすることになり，メンター自身の学習に関連することが示されている。たとえば，新しい教授ストラテジーやICTに関する知識やその活用といった新しいアイデアや新しい見方を獲得する。また，心理社会的にも，メンタリングに関連した同僚教師との協働が増え，より同僚性が高まるといった他の教師との関係が改善され，メンター自身の自信が高まることも明らかにされている。さらに，メンティが進歩していくこと，同時に自らの実践もメンタリングによって影響を受けていることに気づくことによって，メンターは満足しプライドを得ていた。

このように，メンターがメンタリングを経験することは，メンター自身の学習や成長にポジティブな影響を与えている。それは，メンターの自己価値を高揚させ，授業に対する熱意を再活性化，授業にさらに関わるようになるということをもたらすということである。このことは，教師のキャリアを考えると，自らの長所を認識し，同僚の職能発達を支援することにメンターとしての自らの経験を活用できる役割へと自らの責任を拡げることにつながることである。それは，我が国では，中堅以上の教師が，校内研修などでメンター経験を生かした役割を果たすことではないだろうか。すなわち，メンタリングによってメンターである教師も成長するのである。

（3）メンタリング関係と教師の成長

メンタリング関係が教師の成長に関連することを示してきたが，ここではまず教師の成長とはどういうことなのかを考えておきたい。

教師の成長とは，教師の学習と考えられる。教師が学習する知識として，たとえばコクラン-スミスら（Cochran-Smith & Lytle, 1999）は三つの知識のタイプを示している。それによれば，実践のための知識（knowledge for practice），実践に埋め込まれた知識（knowledge in practice），実践という知識（knowledge of practice）の三タイプである。実践のための知識とは，主として大学研究者が公の知識や理論として言及する知識（学問知）であり，教師は自らの実践を改善するためにそれらの知識を活用する。実践に埋め込まれた知識とは，授業を行う上で不可欠な知識であり，学校あるいは教室における日常という個別で具体的な状況に対して教師が行う行為として顕在化する。この知識は，学校でさまざまな経験をし，それらの経験について熟慮的な省察によって獲得される。最後に，実践という知識は，授業を上手く行っていくために生成される知識である。この実践という知識について，コクラン-スミスらは，「教師による探究がどのように知識を生み出すか？」が問題であるとする。

またメイヤードら（Mayard & Furlong, 1993）は，教師教育におけるプログラムのあり方との関連から，教師が獲得すべき知識を四つのレベルに分類している。それによれば，レベル(a)は直接的な実践によって獲得される知識であり，レベル(b)は教育センターなどで行われるワークショップといった，日常の授業実践では経験できないかもしれない実践に関する知識である。レベル(c)は，研究知見を実践に活用し，研究知見の批判的検討を行うという実践的原理といわれる知識であり，レベル(d)は実践的原理を実践とともに基礎的な理論や研究に照らして批判的に検討することができる，学問的理論といわれる知識である。教師は，これら四つのタイプすべての知識を経験（学習）しなければならず，さらにそれらの知識を統合することが求められる。それは，「教えることを学ぶ（Learning to Teach）」ことにおいて実現されると考えられる。

次に教師が獲得しなければならないこれらの知識を踏まえ，教師の成長につながるメンタリング関係について考えてみよう。メンタリング関係に影響するのは，年齢差，メンタリングの期間，ジェンダー，公式／非公式メンタリング，メンターの動機，親しさといった関係性，である（Jacobi, 1991）。たとえば，同性あるいは異性の組み合わせによりメンタリングの効果は異なるか，あるいは初任者研修制度のような公式な関係と教師個々人の私的な関係ではメンタリングの効果に違いはあるか，といったことである。また，前述のホブソンらは，新任教師（メンティ）にとって授業実践を含め，十分な専門性を備え，自らの実践を明示できるメンターであり，メンティがそのメンターに対して専門的な尊敬を抱くことができる関係が，効果的なメンタリングを成立させることを示している。さらに，メンターは支持的であり，親しみやすく信頼に値する特性を持ち，メンターとしての役割を熟知しメンティに深く関与していることが求められる。

このようにみてみると，メンタリング関係には少なくとも三つのタイプが考えられる。一つは，師弟関係である。そして指導者と実習生（研修生）という関係，最後に共同探究者としての対等な関係である。

師弟関係とは，授業に関する知識やスキルをメンティが身に付けていくために，メンターは教師としての役割を果たすという関係である。これは，徒弟的モデル（apprenticeship model）といわれるメンタリングのモデルである。指導者と実習生という関係は，あらかじめ設定された能力（コンピテンシー：知識や技能）の獲得を目的とした能力モデル（competency-based model）といわれるメンタリングのモデルであり，メンターは体系的に訓練をするトレーナーの役割を果たすことになる。最後に，共同探求者としての対等な関係は，メンティが自らの実践をリフレクションができるように，批判的な友人（critical friend）の役割を果たす反省モデル（reflective model）あるいは社会的学習モデル（social learning model）といわれるメンタリングのモデルである。

この三つのタイプのメンタリングはいずれも教師の質，すなわち教師の成長には必要であると考えられる。既述したように今津（1988）は，教師の質の向上には①教師個人モデルと，②学校教育改革モデルがあると述べている。教師個人モデルとは，教師個人が身に付けている知識や技術あるいは態度を問題とする。したがって，教員養成段階で，授業実践を行うに必要な知識や技術を身

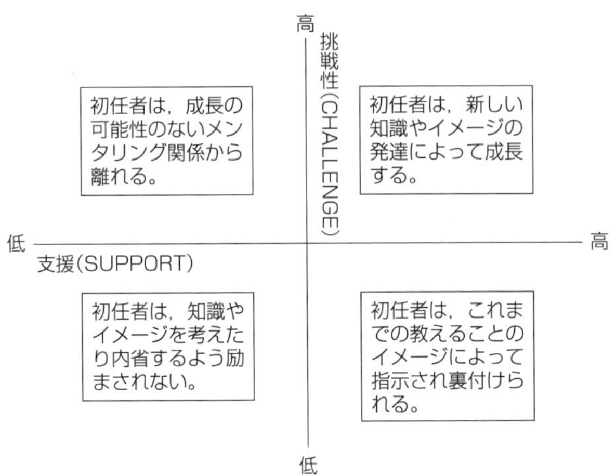

図 8-3　メンタリング関係の 2 次元モデル

（出所）Elliott et al.（1993）が Daloz（1986）から作成。

に付けたかなり完成された教師を育てる教育が求められる。一方，学校教育改革モデルでは，教師 - 生徒関係を中心とする教師の役割行動の改善が問題とされ，授業の改善を核とした学校教育の質の改善において教師の知識や技術も向上するとされる。したがって，OJT（On the Job Training）といわれる現職教育，すなわち校内研修が重視される。

また教師が学ぶべき知識との対応を考えるならば，教員養成段階から現職教育という教師の成長過程に応じたメンタリングが求められるのであり，徒弟的モデル，能力モデル，反省モデルに基づいたメンタリングによって，新しい教師像といわれる「反省的実践家（Reflective Practitioner)」あるいは「研究者としての教師（Teacher as Researcher)」へと成長することが可能になると考えられる。すなわち，実践という知識を生み出すことができる教師になっていくことである。

また，エリオットら（Elliott & Calderhead, 1993）はダロツ（Daloz, 1986）のメンタリング関係のモデルによって初任教師の成長には挑戦性と支援とが必要であることを述べている（図 8-3 参照)。

メンティにとって挑戦性が高くなってもメンターの支援が伴わないメンタリ

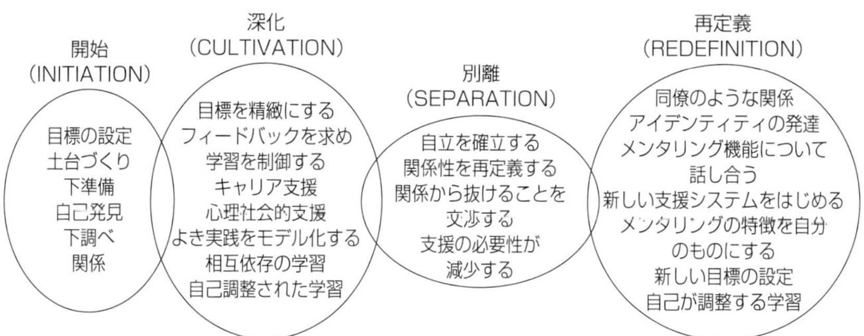

図 8-4　メンティからみるメンタリング関係のフェーズ

（出所）Mullen & Schunk (2012)

ング関係の場合，初任教師はメンタリング関係から抜けてしまうか，あるいはそれまでに形成された自らの考えに頼ることになり，初任教師の成長には結びつかない。しかし，挑戦性が高いと初任教師の持つ授業に関する信念とメンターの持つ信念にズレが生まれ，初任教師は自らの信念体系を省察する。ただ，その省察は初任教師にとっては不快，嫌な経験であり，メンターの心理的な温かい支援を必要とする。メンタリング関係において挑戦性と支援とがともに初任教師に保障されてはじめて，彼らは教えることに関する新しい知識やイメージを獲得し成長するのである。教師の成長につながるメンタリング関係において挑戦性と支援とが重要な鍵となるのである。

さらに，メンタリング関係においては，メンタリングの期間およびメンターの人数も考える必要がある。我が国におけるメンタリング研究は，初任者研修あるいは若手教師を対象としメンタリング期間は1年間という研究が多い（たとえば，鈴木，2011；渡辺・大久保，2006)。本来，メンタリング関係は長期にわたる発達支援関係であり，その関係は一対一関係とは限らない。たとえば，初任者研修における拠点校指導員は1年間の指導であるが，校内指導教員は初任者研修後も非公式にでもメンタリングを続けていることも考えられる。すなわち，初任教師には複数のメンターが存在し，またメンタリングの期間も初任教師の勤務校によって異なるのである。

メンタリングの期間は，本来，図 8-4 に示すように長期にわたる関係である

(Mullen & Schunk, 2012)。初任者研修においてもメンタリングによる教師の発達支援をどのように発展させていくかが課題とされる。たとえば，横浜市では若手教師の育成をサポートするメンターチーム，大阪市教育センターによるOJT 事業におけるメンターの活用など，若手教師の成長の視点からメンタリング期間を延ばす方向に進んでいる。このようにメンタリング関係は長期にわたる関係として捉えられるようになってはきているが，その過程においてメンタリング関係は変化していく。ムレンら（Mullen & Schunk, 2012）によると，メンタリング関係は4段階を経る。まず，開始（initiation）段階である。メンターとメンティとの間において目標を設定したり，互いに自己を発見し関係を築いていく段階である。次に，両者の関係が深まる（深化：cultivation）段階である。メンタリング機能として明らかにされたキャリア支援や心理社会的な支援をメンティは受け，自己調整的な学習ができるようになっていく。そして，別離（separation）の段階になる。メンティは自立し，メンターからの支援のニーズは減り，メンタリング関係を解消するということにもなる。最後に，メンタリング関係を再定義する（redefinition）段階である。この段階では別れたメンティとメンターが仲間のような関係になり，両者のアイデンティティが発達し，メンターによる新しい支援の体制が始まる。したがって，新しい目的が設定され，メンタリング機能も増えることになる。このように，メンタリング関係は長期にわたり形態を変えながら教師の成長に関わるのである。すなわち，経験豊かでない新任教師が，一人前の教師へと成熟するまで続く関係がメンタリング関係である。

4　メンタリング研究の可能性
――教師教育者の育成に向けて――

(1) メンタリング関係から教師教育者（メンター）の育成を考える

メンタリングは，メンターとメンティの両者にとって互恵的に長期にわたり発達を支援していくことであるが，メンタリング理論また，メンタリングの形態（実践）は多様である。

メンタリングは，一対一の関係を前提に一人の成熟したメンターからメンティはキャリア機能と心理社会的機能のメンタリングを受けると考えられてきた。成熟的メンタリング・モデルといわれるメンタリングである。しかしながら，成熟したメンターの数は，一つの組織，とくに一つの学校内では限られているため，必ずしも成熟的メンタリングが十分に機能する状況ではない。現実の企業組織においては，上司一人だけからでは得られないメンタリング行動を上司以外の先輩などの人々から受けている。その効果は成熟したメンターからの効果と遜色ないことが明らかにされている（久村，1998)。これが部分的メンタリング・モデルである。久村（1997）によると，部分的メンタリングも基本的にはクラムによるキャリア機能と心理社会的機能からなるメンタリング行動が行われているが，複数のメンターが一人のメンティに対してメンタリングを行う（図 8-5)。たとえば，カルーソ（Caruso, 1992）はメンタリングの機能を，①特定学習機能（メンティが技術的スキルや知識，職務，組織文化や理念などを学習する機能)，②一般キャリア発達機能（メンティが挑戦性のある課業，保護，支援や推薦，業績に関するフィードバックなどを得る機能)，③個人的援助機能（メンティが相談，役割モデル，友情，信頼などを得る機能)，に分類しているが，これらの機能を果たすことができるメンタリング能力は成熟したメンターも段階的に発達させると述べている。したがってメンターの発達から考えると，現実には学校組織においては部分的メンタリングが行われていると考えられる。初任者研修においても，拠点校指導教員，校内指導教員，さらには新任教師の担当する学年主任など複数のメンターによるメンタリングが現実には行われている。

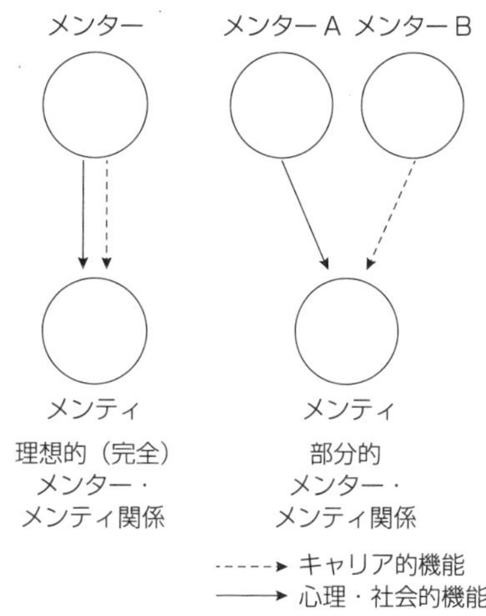

図 8-5　成熟的および部分的メンタリング関係モデル

（出所）久村（1997）を一部改変。

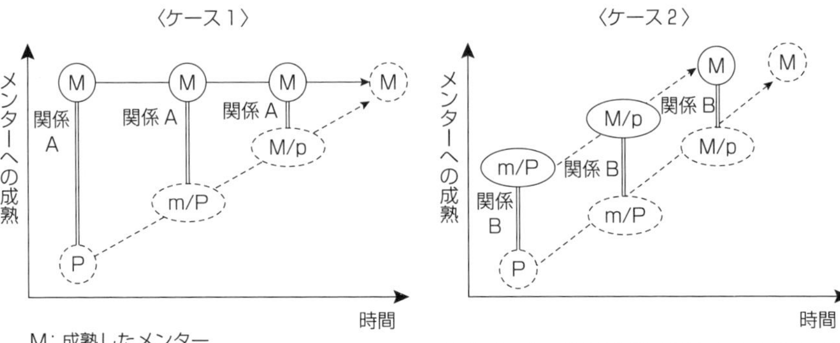

M：成熟したメンター
m：未成熟なメンター
P：メンティの役割が主
p：メンティの役割が小

図 8-6　キャリア発達におけるメンタリング関係Ⅰ

図 8-7　キャリア発達におけるメンタリング関係Ⅱ

（出所）図 8-6～図 8-9 いずれも，久村（2005）。

このようにメンタリング関係をみてみると，メンタリングがメンティに対して持つ機能だけではなく，メンタリング関係によってメンターがどう成長するかということを考えなければならない。それぞれの学校において，学校現場によるメンターをどう育てるかという問題である。これに関して，久村（2005）は「人はキャリア発達の全過程を通じて完璧なメンターになる」という考え方をベースに四つのキャリア発達におけるメンタリング関係モデルを示している。

図 8-6 は，成熟的メンタリング・モデルである。メンティは自らのキャリア発達の全過程を通じてただ一人のメンターとの関係（関係A）からキャリア機能および心理社会的機能とを満たすメンタリングを享受し，自らもメンターへと成長することを示している。このモデルでは，メンティのみがキャリア発達，さらにはメンターへと成長する機会を得ることになり，メンタリング関係は互恵的とは捉えられない。

しかしながら，必ずしもメンターとして成熟していないが経験のある教師がメンターになることがある。それが図 8-7 である。成熟的メンタリング・モデルと同じく，メンティはキャリア発達の全過程を通じて一人のメンターとの関係（関係B）のみあるが，メンター自身もメンティとして別のメンターからの

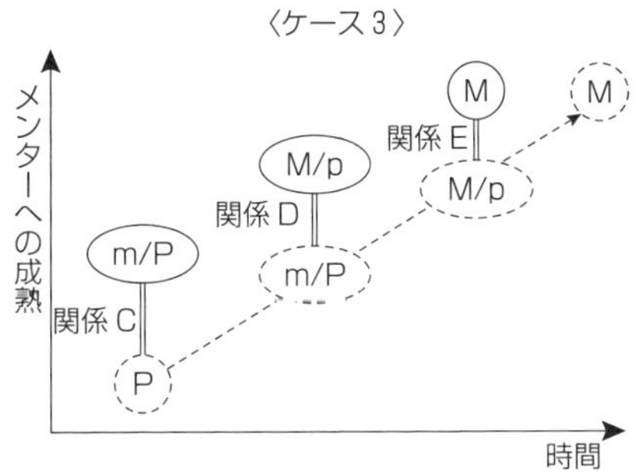

図8-8　キャリア発達におけるメンタリング関係Ⅲ

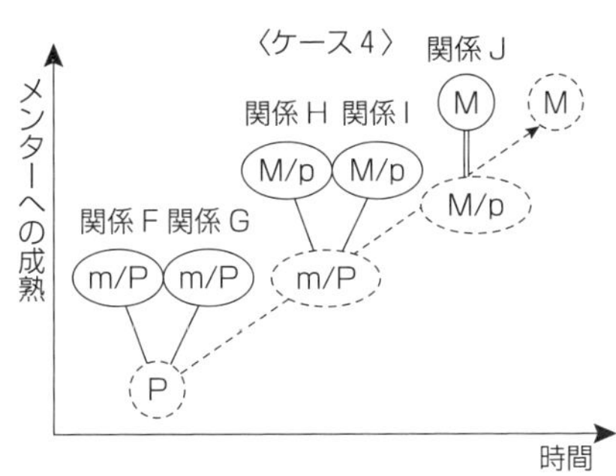

図8-9　キャリア発達におけるメンタリング関係Ⅳ

メンタリングによる支援を受けながらメンターとしての機能をさらに十分に果たせるようになる。したがって，成熟的メンターと比べて十分にメンタリング機能が果たされていない段階から，メンタリング関係は維持されながらより高度なメンタリング関係の段階へと発展し，互いが成長していくことになる。このモデルでは，十分に成熟していないメンターが別のメンタリング関係からメンティとして学ぶことによって，両者の関係（関係B）が変化し，メンターもメンティも成長させることになる。

図8-8は，メンティのキャリア発達段階において適切なメンターとの一対一のメンタリング関係を結び，メンターへと成長するモデルである。キャリア発達段階のある段階においては，メンティは一人のメンターとの一対一関係であるが，キャリア発達過程全体では複数の一対一関係のメンタリング関係（関係C，D，E）を持ち，メンターへと成長する。図8-9は，キャリア発達段階のある段階においても部分的メンタリング・モデルである。メンティはキャリア発達の各段階において複数のメンタリング関係（例：関係F，G）を結び，各発達段階で必要とされるメンタリング機能を受けることになる。成熟したメンターではないが，メンティが必要とするメンタリングを受けることができる複数のメンターから学び，メンティがメンターへと成長するのである。

これら四つのメンタリング関係モデルから，校内研修を中心とした学校における教師の成長とメンタリングとの関係をみてみると，一つには，成熟的メンタリング・モデル（図8-6）と図8-8の組み合わせモデルが考えられる。我が国では教師は，初任者は3年から5年，他の教師は7年を目処に学校を移動することが多い。したがって，一つの学校で成熟的メンタリングを受け，転任していった学校で新たな成熟的メンタリング関係によるメンタリングを受けていると思われる。しかしながら，そのメンタリング関係を通じてメンティがメンターへと成長するためのプログラムが学校に存在しているわけではない。メンティであった教師が教職経験を積むにつれて，メンターの役割を果たすことになるのである。もう一つは，横浜市のメンターチームや大阪市の取り組みにみられる，キャリア発達の初期における部分的メンタリングである。図8-9に示された，新任教師（メンティ）に対して，まだメンターとして成熟はしていない複数の若手教師がメンターとして関わるということである。しかしながら，メンターである若手教師の教師としての成長とメンターとしての成長をどのように支援していくかははっきりしていないように思われる。さらに中堅教師へのメンタリングにおいては，既述したように授業についてのリフレクションを促す対等な立場としての批判的友人といったように，メンターの果たす役割も変化する。

したがって，メンタリングが教師の成長を促し支援するとしても，メンターとしての成長をどう支援していくか，がメンタリング研究には求められる。これまでのメンタリング研究はメンティの学びや成長に主に着目してきていたが，メンタリング関係が互恵的であるということを重視すれば，メンターとしての成長あるいはどうメンターを支援するか，がメンタリング研究の一つの重要な領域になると考えられる。

（2）メンタリング理論の検討

メンタリングの定義が多様であることは，メンタリング研究において指摘されてきたことである。たとえば，ジェイコビ（Jacobi, 1991）はメンタリングには15の定義があることを示し，クリスプら（Crisp & Cruz, 2009）は2007年までのメンタリング研究において50以上のメンタリングの定義が用いられているこ

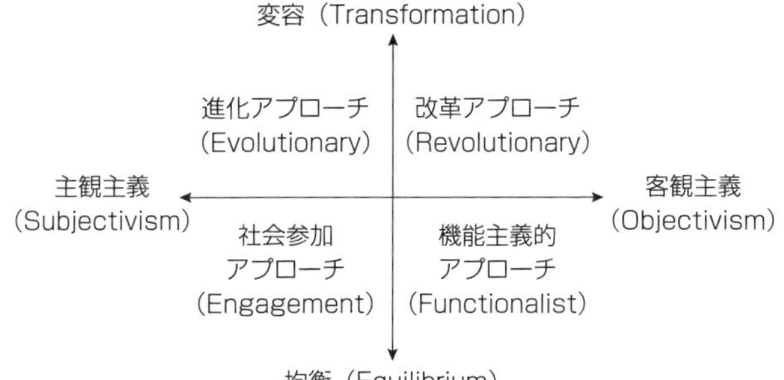

図 8-10　メンタリング・アプローチのマップ

（出所）Brockbank & McGill（2006）

とを示している。その一因として，メンタリング理論はさまざまな理論的背景を持つだけでなく，同時にイデオロギーをも反映している。たとえば，ブロックバンクら（Brockbank & McGill, 2006）は，現実（reality）を記述する次元として客観主義と主観主義，社会的・教育的変化を記述する次元として変容と均衡という2軸によりメンタリングのアプローチを分類している（図 8-10）。

機能主義的アプローチとは，パフォーマンスの改善をねらいとし，メンティが挑戦することや現状のシステムなどに疑問を抱くことを抑え，既存の価値・規範が護られることを保証し，その仕組みの中でキャリア発達を保障するアプローチである。伝統的なメンタリングの一つとされる徒弟制は機能主義アプローチである。一方，進化アプローチはメンティと組織が変容する機会を生み出すことができるように，メンティの経験を尊重し，その主観的な考えなどを認めメンティ自身が目標を決めていくこと（オーナーシップ）によって価値・規範の構造（権力構造）を検証，見直していくアプローチである。このアプローチでは，リフレクティブな対話を介して権力構造（暗黙の構造）に挑戦することが可能になる。同じくムレンら（Mullen & Schunk, 2012）は，伝統的メンタリング理論とオルタナティブなメンタリング理論とを比較して次のように述べている。伝統的メンタリングは，技術的メンタリング（technical mentoring）とも呼ばれ，徒弟的な文脈にみられるように確立された権力構造を維持することを暗黙の前提に，技術（スキル）の学習に基づく目標志向の学習である。一方，オルタナティブなメンタリング理論とは権力構造を疑問視し，メンタリング関係を含めてメンティの新しい社会化という側面を持つ。たとえば，オルタナティブなメンタリング理論の一つである協働的メンタリング理論では，メンターとメンティとは互恵的，発達的関係に統合され，権力の共有，対話，同僚性などによって社会的平等，社会的な結束が可能になるという考え方に立っている。

このようにメンタリング理論はパターナリズム（父権主義）や女性解放論など，いくつかのイデオロギーを背景としている。これまでのメンタリング実践を含め，学校におけるメンタリング実践の現象だけに着目するのではなく，そのメンタリング実践がどのような考え方に基づいているのかも十分に検討することがメンタリング研究には求められると思われる。

学校やその他の組織で行われているメンタリング実践はさまざまな理論的背景，あるいはイデオロギーに基づいているが，現実のメンタリング実践では理論と実践とが融合しているのが現状であろう。そのことが多様なメンタリングの定義を生み出し，メンタリング研究の発展を妨げることにもつながっているかもしれないと考えられる。かかる現状に対してドーソン（Dawson, 2014）はメンタリング・モデルをデザインし明確化するための16要素からなる枠組みを開発している（表8-4）。

ドーソンは，①補習的教授（Supplemental Instruction：SI）と②ピア支援授業スキーム（Peer Assisted Teaching Scheme：PATS）の二つのメンタリングプログラムにこの枠組みを適用することによって，開発された枠組みの16要素が有用であることを示した。SIは，必修の初年次コースをとる学習上困難を抱える学生をサポートするピア学習プログラムであり，メンターであるSIリーダーが困難な学生と定期的に決められたグループセッションを行うピア・メンタリングである。また，PATSは大学教員間のメンタリング・パートナーシップを介して，教員個々の学習の質を改善することを目的とするメンタリング・プログラムである。たとえば，SIは教育研究内容固有の知識と学問的スキルの発達と学生のソーシャル・スキルの発達や自己効力感の高揚を目標とし，一対多のメンタリングの形態（基数）であるため結びつきの弱い関係（結びつ

表8-4　メンタリングのデザイン要素の要約

要　素	概　要
目標（Objectives）	メンタリング・モデルのねらいまたは意図
役割（Roles）	役割はメンティとメンターを含むがそれぞれのメンタリングにおいて果たす機能
基数（Cardinality）	メンタリング関係に含まれるそれぞれの人数
結びつきの強さ（Tie Strength）	メンタリング関係における意図された親密さ
相対的な年長の程度（Relative Seniority）	メンティとメンターの経験の差，専門性のレベルの差，組織内での地位の差
時間（Time）	メンタリング関係の期間，コンタクトの量と規則性
選択（Selection）	メンターとメンティの選択の方法
組み合わせ／相性（Matching）	メンタリング関係を構成する方法
活動（Activities）	メンターとメンティが行う活動
リソースと道具（Resources & Tools）	メンターとメンティを支援する技術的な人工物や他の人工物
技術の役割（Roles of Technologies）	メンタリング関係に対する相対的な技術の重要性
訓練（Training）	メンタリングに必要な知識と技能をメンターとメンティが学ぶ方法
報酬（Rewards）	メンタリングにおいて何を受け取ることができるか
政策（Policy）	プライバシーの問題，技術の使用などに関するルールやガイドライン
モニタリング（Monitoring）	メンタリングが行われている環境，誰がどのような監視をしているか，など
終結（Termination）	メンタリング関係を終結する方法

（出所）Dawson（2014）より作成。

きの強さ）のメンタリング・モデルであると明確化できる。またSIリーダーは，メンティの一歩先を行く程度の経験と専門性しか有していない「相対的な年長の程度」が，学業と対人関係を基準に評価され公式に選択されたメンター（選択）である。

さらに，SIプログラムで示されなかった他の要素についてもメンタリング・モデルをデザインし明確化するために検討することが必要である。「時間」は，メンタリングの行われた時間の総量がメンタリング関係の特徴の理解に不可欠であり，メンタリングにおいてはさまざまな活動が行われるが，その活動がメンティの学習に影響を与えるためメンターとメンティの活動を明らかにする必要がある（活動)。「リソースと道具」は，心理尺度やソフトウエアなどのことであるが，メンタリングの効果に影響するだけでなく，必要なリソースを明示することはメンターとメンティが受ける支援を明確にすることになる。「技術の役割」とは，たとえば，対面で行うメンタリングとオンラインを活用したe-メンタリングとの分類にみられるようなメンタリング関係におけるテクノロジーの役割である。「訓練」は主にメンターを対象とするが，メンターの訓練の特徴を明らかにすることはメンタリング・モデルの効果を評価するために必要である。同じく，「報酬」も外的報酬と内的報酬があるが，メンタリングでの経験と行動に影響を与える。「政策」はメンタリング関係に影響を与えるプライバシーなどのルールであるが，メンタリング関係を監視すること（モニタリング）と同様，メンタリングにおける言動に影響を与える要素である。「終結」は，メンティがメンタリング関係を抜け出しても何らかの影響があるといわれるように，関係がどのように終結するかはモデルの定義において明確に述べられなければならない。

このような枠組みが求められるのは，これまでのメンタリング研究あるいは実践がそれぞれ固有の状況や仮定に基づいてきたために，メンタリングの定義が多様であり，実践で活用することができないことが多かったと考えられる。たとえば，新任教師へのメンタリングでは，メンターの選択，目標としてのメンターと新任教師の職能発達，リソースとしての教師集団によるチームの支援，モニタリングとしての説明責任，という要素が具体的な状況を構成し，一対一関係によるメンタリングが暗黙の仮定とされていた。したがってこの枠組みに照らして，ここで示した新任教師へのメンタリング・モデルが明確化されることによって，この新任教師へのメンタリングが同様の具体的な状況に適用できるかどうかがはっきりすることになる。このことを示す一例として，浅田（Asada, 2017）によるワイヤレスマイクを用いた授業中でのメンタリング・モデルを開発し，二人の小学校初任教師と一人の中学校若手教師を対象にメンタリングを実践した研究がある。この枠組みによる三つのメンタリング実践の明確化を試みた結果，プログラム内容は同じであっても，メンターの役割，結びつきの強さ，終結という要素は異なり，その結果メンタリング内容も異なっていた。同じ中学校での教頭（かつては国語科担当）と国語科担当教師との組み合わせと，大学の指導教員と指導学生であった初任教師との組み合わせ，本研究ではじめて組み合わせになった元校長（大学教員）と初任教師との組み合わせという違いが，メンタリング・モデルの他の要素においても違いを生み出していた。すなわち，メンターの「役割」や「結びつきの強さ」といった要素が異なることによって，メンタリングの効果も影響を受けるのであり，このモデルを他の学校などで用いる場合はこれらの要素を十分に検討することが求められるということになる。

このように，この枠組みでメンタリング・モデルをデザイン，実施，評価することによって，メンタリング理論と実践は多様であることを認めながら，その多様な実践において教師の成長の支援に共通する点，つまり教師教育プログラムに必要不可欠なことが明らかにできるのではないだろうか。したがって，メンタリング理論を検討するということの一つの方策として，さまざまなメンタリング実践を開発し実践していくうえで，このような枠組みに照らして教師の成長につながる不可欠な要素を明らかにしていくことがあるのではないかと思われる。

学校教育におけるメンタリング研究は，これからも多様な実践が展開されることは間違いない。それゆえ，教職経験に頼るだけではなく，教師教育者の育成を志向したメンタリング研究が必要であろう。また，コーチング，カウンセリング，ソーシャル・サポートなど，メンタリングの隣接概念を含めたメンタリングの理論的概念的検討を同時に進めていかなければならないと思われる。

さらに学びたい人のための図書

キャシー・クラム／渡辺直登・伊藤知子訳（2003）『メンタリング　会社の中の発

達支援関係』白桃書房。

▶メンタリングの機能についての基本文献であり，必読書。

合谷美江（1998）『女性のキャリア開発とメンタリング』文眞堂。

▶調査研究の成果のまとめであるが，メンタリング研究の参考になる。

メンタリングに関するハンドブック。

①Fletcher, S. J. & Mullen, A. C. (2012) *The SAGE Handbook of Mentoring and Coaching in Education*, Sage Publications.

②Allen, T. D. & Eby, L. T. (2007) *The Blackwell Handbook of Mentoring: A Multiple Perspective Approach*, Wiley-Blackwell.

③Passmore, J., Peterson, D., & Freire, T. (2016) *The Wiley-Blackwell Handbook of the Psychology of Coaching and Mentoring*, Wiley-Blackwell.

④Clutterback, D. A. et al. (2016) *The SAGE Handbook of Mentoring*, Sage Publications.

▶いずれも海外の文献であるが，メンタリングについてより詳しく学びたい際に参考になる。

引用・参考文献

浅田匡（1988）「教えることの体験」浅田匡・生田孝至・藤岡完治編著『成長する教師――教師学への誘い』金子書房，174-184頁。

石川治久・河村美穂（2001）「中堅教師のメンタリング」『教育方法学研究』27，91-101。

乾丈太・有倉巳幸（2006）「小学校教師のメンタリングに関する研究」『鹿児島大学教育学部教育実践研究紀要』16，97-106。

今津孝次郎（1988）「教師の現在と教師教育の今日的課題」『教育社会学研究』43，5-17。

鈴木麻里子（2011）「拠点校指導教員のメンターとしての役割――教員を対象としたメンタリング」『流通経済大学論集』46(3)，9-16。

曽山いずみ（2014）「新任小学校教師の経験過程――１年間の継続的インタビューを通して」『教育心理学研究』62，305-321。

徳舛克幸（2007）「若手小学校教師の実践共同体への参加の奇跡」『教育心理学研究』55，34-47。

久村恵子（1997）「メンタリングの概念と効果に関する考察――文献レビューを通じて」『経営行動科学』11(2)，81-100。

久村恵子（1998）「部分的メンタリングモデルとその効果に関する研究」『経営行動科学学会年次大会発表論文集』67-74。

久村恵子（2005）「組織経営におけるインフォーマル・メンタリング関係の現状」『人間科学研究（南山大学人間関係研究センター紀要）』4，1-17。

藤井準一・鈴木邦治（2009）「初任者研修における教員のメンタリングに関する実証研究(I)——校内指導教員からの初任者教員のメンタリングの受容を中心として」『福岡教育大学紀要』58，第4分冊，13-26。

渡辺かよ子・大久保義男（2006）「教員の初任者研修とメンタリングに関する比較考察——世界と日本の比較の視点から」『学び舎：教職課程研究』2，4-13。

Asada, T. (2017) "The role of 'outside' mentoring practice in on-going cognitive intervention", Paper presented at ECER 2017 in Copenhagen.

Brockbank, A. & McGill, I. (2006) *Facilitating Reflective Learning Through Mentoring & Coaching*, Kogan Page.

Caruso, R. E. (1992) *Mentoring and the Business Environment Asset or Liability?* Business Performance Group, Aldershot England Dartmouth.

Cochran-Smith, M. & Lytle, S. L. (1999) "Relationship of Knowledge and Practice: Teacher Learning in Community", *Review of Research in Education*, 24, 249-305.

Crisp, G. & Cruz, I. (2009) "Mentoring college students: A critical review of the literature between 1990 and 2007", *Research in Higher Education*, 50(6), 525-545.

Daloz, L. (1986) *Effective Teaching and Mentoring: Realising the transformational power of adult learning experiences*, Jossey-Bass.

Dawson, P. (2014) "Beyond a Definition: Toward a Framework for Designing and Specifying Mentoring Models", *Educational Researcher*, 43(3), 137-145.

Elliott, B. & Calderhead, J. (1993) "Mentoring for Teacher Development: Possibilities and Caveats", In McIntire, D., Hagger, H., & Wilkin, M. eds., *Mentoring: Perspectives on School-based Teacher Education*, Kogan Page, pp. 166-189.

Gordon, S. P. & Maxey, S. (2000) *How to help beginning teachers succeed*, Alexandria, VA: Association for Supervision and Curriculum Development.

Hobson, A. J. et al. (2009) "Mentoring beginning teachers: What we know and what we don't", *Teaching and Teacher Education*, 25, 207-216.

Jacobi, M. (1991) "Mentoring and Undergraduate Academic Success: A Literature Review", *Review of Educational Research*, 61(4), 505-532.

Kram, K. E. (1988) *Mentoring at Work: Developmental Relationships in Organizational*

Life, University Press of America（キャシー・クラム／渡辺直登・伊藤知子訳（2003）『メンタリング――会社の中の発達支援関係』白桃書房）.

Mayard, T. & Furlong, J.（1993）“Learning to Teach and Model of Mentoring”, In McIntire, D., Hagger, H., & Wilkin, M. eds., *Mentoring: Perspectives on School-based Teacher Education*, Kogan Page, pp. 69-85.

Moir, E.（1999）“The stage of a teacher's first year”, In M. Scherer ed., *A better beginning: Supporting and mentoring new teachers*, Alexandria, VA: Association of Supervision and Curriculum Development. 19-23.

Mullen, C. A. & Schunk, D. H.（2012）“Operationalizing Phases of Mentoring Relationships”, In Fletcher, S. J. et al. eds., *The SAGE Handbook of Mentoring and Coaching in Education*, Sage Publications, pp. 89-104.

Veeman, A.（1984）“Perceived problems of beginning teachers”, *Review of Educational Research*, 54, 143-178.

第9章

教師が自己成長できるために

――アクション・リサーチャーを育てる――

井上典之

1 アクション・リサーチ（AR）とは

（1）アクション・リサーチの概要

教育の分野ではアクション・リサーチ（AR）は教育実践の改善や教師の自己成長のための手法（method）としてのみならず，伝統的実証主義から教育研究・教師教育を解放することのできる一つの方法論（methodology）として捉えられてきた。ではARとは具体的にはどのようなリサーチなのであろうか。一般的にはARは現実の社会における実践をそのリサーチのプロセスによって改善することを目的とし，対象となる実践の中で収集されたデータをもとにアクションを計画・実施し，そのプロセスと効果について実践者がリフレション（省察）することを繰り返しながら実践の改善をめざすリサーチであると言うことができる（Mills, 2011；Stringer, 2008）。今日グローバルな広がりを見せているARにはいろいろな型（カタ）があり，ただ一つの定義・パターンで捉えることは難しいが，ARのプロセスは大まかに捉えて以下のようなものであると考えられる。

(1) ニーズ・アセスメント：まず対象となる実践や実践者のニーズについてのデータを収集し，そこから実践改善のための手がかりを得る。そこではできるだけ多様なデータを収集し，それを複眼的に分析しながら実践者，アクション・リサーチャーは実践のニーズについてのリフレクションを行い，そのアセスメントが何を指し示しているのかについて考える。

(2)　アクション・プランニング：ニーズ・アセスメントから得られた見地を基にしてそこから導き出されるアクション（実践改善のために実践の場で何を行うか）のプランニングを行う。ここではニーズ・アセスメントだけではなく関連する理論的フレームワークや先行研究，そして実践者，アクション・リサーチャーが実践をどのような方向に持っていきたいかも考えながらアクション・プランを作成する。

(3)　アクションの実施：プランニングしたアクションを実施すると同時に，そのアクションの効果についてのアセスメントを行う。計画したアクションを行ったことによる効果の他にもアクションの実施プロセスについてもできる限りデータを取り，対象となる実践の変化について複眼的に把握する。

(4)　リフレクション：アクションの実施の段階で収集されたデータを分析すると同時に，そのデータがその実践と実践者にとってどのような意味を持つのかについてリフレクションを行う（このリフレクションはアクション実施の最中に行われることもある）。この時点で実践の改善の必要性や実践者のあり方やビジョンについての示唆が得られることが多く，さらなる実践の改善をめざして(2)〜(4)のサイクルを繰り返す。

(5)　以上の(2)〜(4)のサイクルを何回か繰り返す中でアクション・リサーチャーは根本的な考え方を見直す必要性に迫られることが多く，そこから得られたまったく新しい見地に基づいた新しい「フェーズ」をスタートさせていく（図 9-1）。一般的には AR が新しいフェーズに入り再び(2)〜(4)のサイクルを回していくことで実践は飛躍的に改善していくこととなる。その後同じように実践の改善をめざして AR はさらに新しいフェーズに入っていくのであるが，ある意味でこのような AR のプロセスは実践に常に改善の余地がある限り終わりがないプロセスであるということができる。

以上が AR の一般的な型（カタ）であるが，何をめざすかによって AR にはさまざまな型（カタ）が存在する。教育という分野では教師がアクション・リサーチャーとして自らの教育実践において AR を行うか，同僚の教師や外部の専門家と協働しながら AR を行うかによって AR は違った形を取ることになる。また，時間やリ

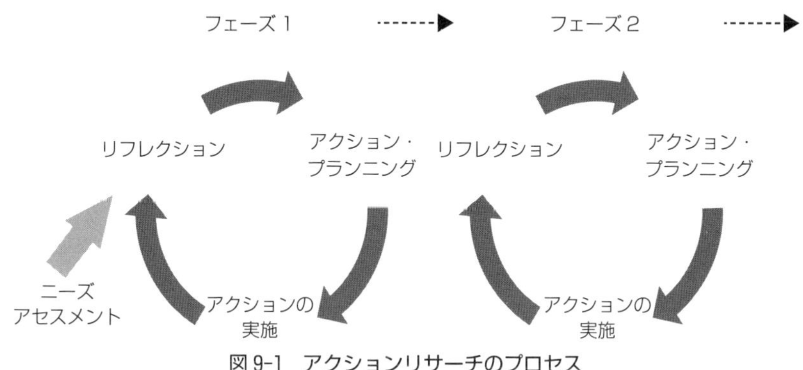

図9-1　アクションリサーチのプロセス

（出所）筆者作成。

ソースの制限から上に述べたプロセスの一部分だけにフォーカスして実践の改善を試みることもあることから，AR は一つの研究方法の集合体（a family of research）の総称であるともいわれる。一般的には，AR は以上に述べたような回帰的なサイクル・フェーズを実践の場で回しながら実践を改善するための研究方法であるということができるが，広義にはそのような性質・志向性を持った研究の総体を AR と呼ぶこともできる（Callier & Lattimer, 2005；小柳，2004）。以下においては教師の自己成長における AR の役割を考えるにあたり，主に実践者（practitioner）がアクション・リサーチャーとして自らの実践を改善するために行う実践者 AR（practitioner action research）について論じる。

（2）伝統的実証主義からの決別

では以上のような AR は一般的に考えられている教育研究とはどのような点が異なるのであろうか。そしてそれは教師教育研究にとってどのような意味を持つのであろうか。以下のセクションでは AR と教育における伝統的実証研究（positivism）との違いとそこから示唆される教育研究のあり方について考える。

まず AR が伝統的実証研究と大きく異なるのは研究の対象となる実践において実践の外側から（outside-in）ではなく，実践の内側から（inside-out）研究を進めることにある。伝統的実証研究においては研究者は対象となる事象や実践の外側からの立ち位置（positionality）でデータを収集・分析し，外部者（すなわち研究者）として実践者に進むべき方向を示唆することが多い。教育という分野においても一部の質的研究を除いては教育研究者はそのような想定で「研究」を計画・実行することが多いといえる。しかしながらARにおいては実践者自身が中心となって対象となる実践を改善するための研究を実践の内側で行い，それと同時に実践を改善する上で実践の内側に立つ実践者の経験や勘，実践者としての感覚を重視する。もちろんアクション・リサーチャー（実践者）も対象となる実践についてのさまざまなデータを取りその客観的な分析は行うが，その分析が実践を改善するためにどのような意味を持つのかを深くリフレクションし，その上で実践者はどのようなアクションを行うべきかを考えることがARのキーとなる。そういう意味においてARでは実践における客観的な世界と実践者の主観とのせめぎ合いの中で研究が進行していくこととなる。

それに対して伝統的実証主義者にとっては一つの実践やある実践の状況は，データを提供するたんに一つの「データポイント」――すなわち，たんなる事例でしかなく，できるだけ多くのサンプルから得られたデータを収集しそれを統計的に処理することで一般的な原理・理論を抽出することに教育研究の意義があるとすることが多い。しかしARでは個々の教育実践は独自性・複雑性を持っていると捉え，いかに多くのサンプルから得られたデータを複雑な統計を駆使して原理・理論を抽出しても，その原理・理論によって予知される事象は個々の実践で表出しない可能性が大きいと考え，対象の実践をその独自性を想定しながら改善することをめざしていくのである。つまり伝統的実証主義者が個々の実践の独自性・複雑性を無視したのっぺりとした原理・理論をつくり上げようとするのに対して，ARでは個々の教育実践はその状況によってその原理・理論の予知的なパワー（predictive power）が無効となるようなユニークな「デコボコさ」を持っていると想定し，そのような個々の実践の内側に存在する独自性・複雑性を大切にしながら研究を行うのである。

もちろんアクション・リサーチャーは一般的な教育理論や原理からヒントを得ることはあるものの，その対象となる実践が行われている状況（コンテクスト）においてその教育実践固有の原理・理論（theory-in-practice）を発見し修正しながらアクションとリフレクションを行い，その実践の改善を行うことを重視する。すなわち，ARでは個々の実践の独自性を尊重し実践者がその実践のコンテクストの複雑性と独自性を反映したtheory-in-practiceを形成し，その教育実践を改善していくのである。したがって伝統的実証研究においてしばし問題となる「理論と実践のギャップ」はARにおいてはほとんど問題とはならない。理論は実践の中から教師が主体的に生み出すものであり，アクション・リサーチャーにとっては「理論と実践」はお互い手を携えて発展していくものである。そういう意味でARは伝統的実証主義とは大きく一線を画した研究であり，ある意味で我々に伝統的実証研究からの決別を迫る非常に革新的な側面を持った方法論であるということができる。

（3）教育実践改善のシステム

ではARではどのようにして教育実践が改善されるのであろうか。ARが示す教育実践改善のシステムはどのように捉えられるであろうか。先に述べたように教育には複雑性があり，そのためにさまざまな事象が自然科学的な意味での単純性・確実性をもって現れることは稀である。例としてある子どもの算数に対する苦手意識について考えてみよう。その子どもの算数に対する苦手意識はその子どもの教師との関係，学びの場としてのクラスのあり方，その子どもが持っている既有知識や学び手としてのアイデンティティ，その学校の組織文化（organizational culture）など，さまざまな様相と関連しながら成立しており，またそれは実践の状況によって刻々と移り変わるものでもある。また，教育実践はそれが行われる組織や社会のコンテクストに埋め込まれている（embedded）と考えられ，いかに個々の状況に依存しない一般性を想定した理論（例：子どもの自己効力感の向上メカニズム，新しい情報の提示方法など）が提唱されても，個々の教育実践の独自性や現場の複雑なダイナミクスによりその理論が示唆することが個々の実践で通用することは保証されないと考えられる。

一般的に伝統的実証主義的な研究では教育実践を科学的な方法で改善しよう

とするために，事象のある特定された部分だけに焦点を当てて（そして他の部分を無視して）データを収集し，その部分についての統計的推論から原理・理論を抽出し，そしてそれを寄せ集めることで「教育の科学」を生成しようとしてきた。しかしながらそのように部分をチグハグに寄せ集めた「フランケンシュタイン的」な実践改善のアプローチは複雑性を内包した教育実践にはふさわしいとはいえず，そのような考え方が教育の分野で蔓延したことは前世紀の反省としてさまざまな形で議論されている（Darling-Hammond, 2010など）。したがって，教育実践を改善する試みにおいてはまずは個々の教育実践の独自性・複雑性・全体性を受け入れ，そこをスタート地点として実践の内側から実践の改善を進めていくことが必要となるのである。

そのような AR による教育実践の改善を考えるときに，非常に重要な役割を果たすのが「教師」である。教師こそが実践の内側にいる最もその実践の中心となる主体であり，それぞれの教師がどのように授業を計画し，どのように考え感じながら実際の授業を進め，いかに生徒と接し，その実践の方向性を決めていくかが教育実践の大きな決定要因であるのは明らかである。また教師がそれぞれの実践の場で実践者として成長することで教育実践の改善は持続性を保つことから，教師の成長ということに軸足を置いた教育実践の捉え方をすることは，教師教育のシステムを考える上で非常に重要なポイントであると考えられる。以下のセクションでは AR により教師の成長がどのように促進されるのか，そしてそこから得られるこれからの教育研究のあり方についていくつかの視点から考える。

2　AR における教師成長のプロセス

（1）教師の学び・成長の原動力

上で述べたように，AR は実践者である教師が中心となって教育実践のニーズ・アセスメントを実践の内側で行うところからスタートする。しかしながら，ニーズ・アセスメントにおいて対象となる実践のニーズを複雑な教育実践の中で特定することは容易ではなく，その中で教師・研究者はその経験や勘をもとにどのようなニーズをアセスメントするのかを選びとっていくこととなる。もちろん何らかの客観的データをもとに教育実践のニーズを特定することをめざすのであるが，どのようなデータを収集するかは実践者の実感からスタートすることとなり，またアセスメントの結果に意味付けを行ってそれを教育実践・自らの成長の糧とするのは実践者である教師自身であることから，そこに教師の経験や勘が介在することは否めない事実である。

ARではそのような教師の経験や勘が実践の大きな要素であると仮定する。そして教師が持つ「願い」や「思い」，そして成長への希求などのような教師の主観性をその研究のプロセスから排除せず，逆にその主観性が教師の成長の原動力となっているとしてその研究のプロセスを進めていくのである。つまりホワイトヘッドとマクニフ（Whitehead & McNiff, 2006）が示唆するように，教師が今までの経験で培ってきた内的な意味世界や実践観を非科学的な要素として異端視するのではなく，あえてそれが実践改善における主体的な教師成長の生起する力になると位置付けるのである。もちろんそのことよって教師の成長や実践改善が独りよがりになったり，目標として定めた進むべき方向に行かないリスクも確かに生じるが，前述したようにARにおいてはそのサイクル・フェーズを幾度も繰り返すことによってその研究のプロセス自体が改善されていく回帰的性質を持っており，研究が進むにつれてそのプロセスの中で教師が徐々にその主観的意味世界と客観的な世界のすり合わせを行い，自らの考えや実践観を変容させながら実践改善をめざしていくのである。

（2）リフレクションと教師成長

以上に述べたようにARにおいては自発的な教師の成長を段階的なサイクル・フェーズを回すことによってめざしていくのであるが，そこでキーとなるのは教師，アクション・リサーチャーによるリフレクションである。ARにおけるリフレクションはアクション実施中のリフレクション（reflection-in-action），そしてアクション実施後のリフレクション（reflection-on-action）などさまざまな形をとることが多いが，それらはすべて自らの実践を振り返りより効果・意義のあるアクションを計画し，それを遂行するために行われる。そういう理由からアクション・リサーチャーは省察的（reflective）であるだけではなく，再帰性（reflexivity）－内省を通して自らを変容させることのできる能力を持つ大切さもよく指摘されることである（Robertson, 2000など）。

ARにおけるリフレクションにおいては，教師は研究のプロセスで得られたデータや自分自身の経験（実際に実践の現場で起こったこと）に基づいて自分自身の主観と客観的世界が提示するものとについて省察を行い，そこから新たなアクションを選びとり，それを実行する意思決定をすることとなる。そのようなプロセスの中で実践者は自分自身の実践の姿を振り返り，自らの教師としての姿を見つめ直すこととなる。その意味でARは，教師自らを映す鏡（ミラー）であるということができる（Inoue, 2012）。教師は自分自身の教師としてのあり方をARを通して見つめ，振り返り，そしてそこから新しい視点での実践観や実践との関わりが形づくられることで，教師自身の成長に裏付けられた実践の改善がもたらされることとなるのである。

しかしながら，そのような実践者によるARにおいては教師の主観的バイアスによって成長のプロセスが停滞する危険性も存在することから，ARにおいては同僚の教師や先輩教師，対象となる教育の分野の専門家などと，指導案を作成したり授業を観察しあったりしてともに教育実践の改善を試みる協働的AR（collaborative action research）の大切さがよく指摘される（Sagor, 2005など）。なぜなら，そのような協働的ARにおける実践者同士の対話においては，実践者が自分一人では得ることができないような教育実践についての新たな観点やアプローチの仕方を他の実践者から得ることができ，教師の主観的バイアスによるARの行き詰まりが解消され，それによって教師の内的な変容がより意味深い形で触発されることとなるからである。そこでは対象となる教育実践が行われている学校や地域で協働的ARをともに行う他者（同僚や先輩教師など）との間に「間主観性」（intersubjectivity）が形成され，ARを行っている教師の主観が他の教育者の主観と重なることによって教師の実践観や実践との関わり方が変容していくことが可能となる。また野中と竹内（Nonaka & Takeuchi, 1995）が示唆するように，実践における協働の作業でのやりとりの中で熟達者が持っている暗黙知を獲得する「場」が形成され，そこで他者と協働しながら新たに暗黙知を生み出すことも可能になる。日々自らの実践に向かい合って働いている教師にとっては，そのように他者と教育実践についての対話やリフレクションをともに行う場をARの節々で取り入れることで，鏡としてのARの曇りを取り除くことが可能となるのである（Inoue, 2012）。

（3）教師が成長するとは？

以上ARにおける教師の成長のプロセスについて簡単に述べたが，ではそれらは教師の成長についてどのような知見を与えてくれるであろうか。教師の成長と一言で言ってもさまざまな側面がある。教師教育においては新しい手法やテクノロジーを使って教科の内容をより分かりやすく教えたり授業をアクティブなものにする手法のような技術的な側面が強調されることが多いが，その方法が一体何をめざしているのか，そのことの意味はどこにあるのか，という概念的な側面における学びなしにはそれはその場しのぎのテクニックや持続性のない教育改善に終わってしまうこととなる。そこでは教育のための表面的なテクニックよりもその土台となっている学びの場のあり方，教師と児童生徒の関係性，そして学び手のアイデンティティのような概念的な側面についての学びこそが実践に持続的で実質的なインパクトをより与えるものであるということができる。またさらにそのような形でサイクルを回していく中でアクション・リサーチャーは自らがどのような実践者になろうとしているのか，教え手としてどうありたいのかについて考えさせられることが多く，そこから実存的な側面での学びが得られることとなる。ARにおいてはこのような実存的な学びが伴ったとき，真に持続的で主体的な教育改善がもたらされるということができる（図9-2）。

すなわちARにおいて真の教師の成長が実現するためには，教育の技術的な側面についての学びにそれを裏付ける概念的・実存的な側面についての学びが

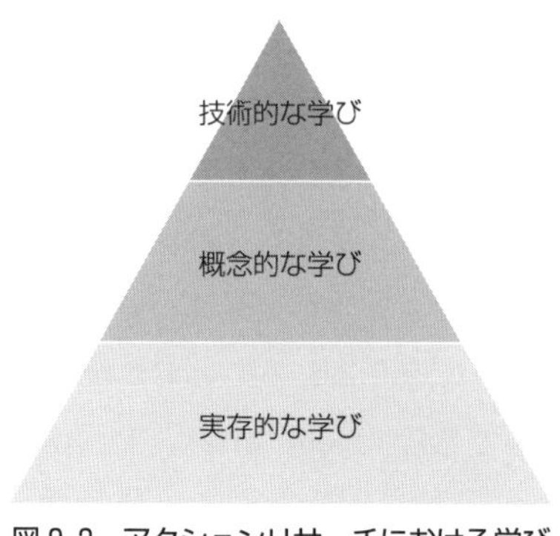

図 9-2　アクションリサーチにおける学び
（出所）Inoue（2015）

伴わなければ近視眼的な実践の改善となり，逆にどのような概念的・実存的なリフレクションを行おうとも，それが実際の教育実践における技術的改善につながっていなければ本来の教育実践の改善としての意味を失う可能性があるといえる。AR においては教師の成長は技術的・概念的・実存的学びを一体のものとして進めるところにあり，AR はそれらを促進するホリスティックなプロセスであると捉えることができる。

（4）アクションと学びの補完性

上に述べたように教育実践者による AR においては教師の技術的・概念的・実存的な学びは独立したものではなく，相互に補完するような形で行われる。すなわち教師のホリスティックで内的な変容が持続的な実践の改善（アクション）につながり，同時に現場でのアクションが教師の新しい気づき，すなわち内的な変容につながるのである。このように AR においてはアクションと新しい気づきとは以下のような補完的な関係として捉えられる。

アクション （教育実践改善の試み）	↔	新しい気づき （教師の内的な変容）

ここで得られる気づきはアクションに根ざした気づきであり，その気づきがアクションを進めていく原動力となる。そういった意味で AR における気づきは現場でのアクションに埋め込まれたオン・ゴーイングな気づきであり，AR ではそこで得られるパーソナルな理論を一般的な理論と区別して theory-in-action と言われることもある。

AR においてはアクション・リサーチャーはアクション・リフレクションのサイクル・フェーズを幾度も繰り返すことにより，そのようなプロセスを実際に回してみるまでは得ることはできなかった学びを経験することとなる。アージリス（Argyris, 1976）は実践者が実践の問題に直面した際にその問題に直接対処しようとすることによって得られる学びをシングル・ループ学習（single-loop learning）と呼び，そのプロセスから新しいメタ認知的な気づきを得て，その問題の根本的な原因となっている高次元の問題解決を行うことによる学びをダブル・ループ学習（double-loop learning）と呼んでいる。ほとんどの場合，アクション・リサーチャーはARの最初のフェーズにおいては実践の場面でじかに直面する問題をARを通して解決することをめざしてARを始めるのであるが，そこではアクション・リサーチャーはシングル・ループ学習に取り組んでいるということがいえよう。そして，そこでアクション・リサーチャーが自らの実践のより根源的で高次な問題点をメタ認知的に認識し，そこから次のフェーズに移行してその問題の解決に取り組んでいく際にはダブル・ループ学習に取り組んでいるといえよう。

しかしながら，ARでこのような新しい学びを経験していくためには，教師あるいはアクション・リサーチャーは常に新しいアクションとそれに基づいた探究を行うことに主体的に取り組むことが大切であり，また自らの実践において今まで試みたことのなかったアクション，そして今まで考えもしなかった教育実践の見方や実践者としてのあり方に対してオープンであることが大切となる。トルバート（Torbert, 2004）はARにおけるそのようなオープンな探究をアクション・インクワイアリー（action inquiry）と呼び，ARのあり方自体を再定義している。ここでは紙面の都合からその定義については詳しくは述べないが，トルバートの論旨はそのような探究マインドこそがARをARたらしめるものであるということに要約できるであろう。

3　ARが示す教師教育のあり方

（1）教師の専門性とAR

以上に述べたように，ARによる教師の成長プロセスの捉え方は伝統的実証主義から導かれるものとはずいぶん異なったものとなる。伝統的実証主義においては教育の正しい手法・アプローチについての真理をその研究によって明らかにし，そしてその真理を教師に伝えそれを実践させることで学習者のパフォーマンスを向上することがめざされてきた。すなわち，教師の成長とは研究者によって明らかにされた真理を学び，その効果を忠実に再現できるようになることと捉えることができる。では教師によるアクション・リサーチでめざされる教師の専門性とは一体どのようなものであろうか。そしてその発達のプロセスはどのようなものと考えられるであろうか。

アクション・リサーチャーはARを通して自分自身の願い・思いと自らの経験を反映したアクションを展開する中で，さらなる改善点やより多くの課題について気づかされることが多く，そこから新たな視点と実践へのアプローチを獲得することとなる。すなわち，ARにおいては教師は自らのtera incognita（自ら知り得なかった領域）に直面することとなるのである。これはアクション・リサーチャーにとっては挑戦的な経験ではあるが，そのような経験こそが自らのアクションや実践者としての自分自身のあり方について深くリフレクションする機会を与えてくれることとなる。そこでアクション・リサーチャーはさまざまな知識を構成していくのであるが，前述したようなその知識は必ずしも言語で明確にあらわされるものとは限らず，現場での感覚に根付いた暗黙知のように無意識下でその知識が形成されていくものも含まれる。すなわち，ARにおいては教師の専門性はエキスパートによってあらかじめ用意された明確な原理・原則を習得することで得られるようなものではなく，実践の場で自らが正しいと信じるアクションを実行する中で今まで気づかなかったことに気づき，そこから新しいアクションによって実践を改善していくことにあるということができる。グリフィス（Griffiths, 2003）はこれをDKDK（don't know that you don't know）と呼び，「自分が知らないことを自分自身が知らない」ということこそが実践者にとって重要となる知識であり，そのような学びを追求することで実践に新たな地平が生まれることを示している。これは一般的に考えられている「専門性」とは大きく異なった考え方である。すなわちアクション・リサーチャーはARのプロセスの中で自らが気づかなかった領域に直面し，そこで自らの実践や実践者としてのあり方を意識的・無意識的に変容させていくところに教師の専門性が生起すると考えるのである。これは前世紀まで教育研究で一般的に受け入れられていた伝統的実証主義の考え方とは180度異なる考え方ということができよう。

（２）ARの認識論

以上のことから分かるように，ARは教師の成長プロセスや専門性のあり方について伝統的実証主義と非常に異質な認識論（epistemology）に基づいている。ここではそのようなARにおける教師の専門性の考え方の土台となっているいくつかの認識論について簡単に触れることとする（この点についてさらに掘り下げたい読者は参考文献を参照されたい）。

まず，ARの認識論が伝統的実践主義の認識論と大きく異なる点で大切なポイントは，先に述べた主観（subjectivity）の扱いについてである。伝統的実証主義に基づく教育研究においては主観性をできるだけ排除し，客観的に確証できる事実から真理を構築し，それを明確に言語化できる原理・理論として実践者に習得させると同時に実践に応用させ，その客観的真理を世の中にあまねく一般化させる（scale up）ことによって教育実践を改善することを想定しながら，研究を進めることがほとんどである。しかしながら，ARにおいては教師の主観性や一人称的な経験（first person experience）を真に実践の内側にあるものとしてそれを研究のプロセスの中心に据えるだけではなく，教師が現場での経験に根ざした暗黙知や「わざ」をその研究のプロセスを通して主体的に発達させていくことこそが持続的な教育実践の改善と教師の成長につながるとみなすのである。そういった意味でARは認識論的に伝統的実証主義とずいぶん異なった方法論であるということができる。

次に，ARの認識論が伝統的実践主義の認識論と大きく異なる点は要素還元主義（reductionism）を容易に受け入れない点である。伝統的実証主義においては現実を有限の客観的に把握できる要素に分割し，それぞれの単純化された要素を研究によって客観的に把握し，その後それぞれの客観的真理をつなぎ合わせることによって現実（教育実践）を再構築し教育実践の改善をめざそうとする。このような要素還元主義は，今まで行われた多くの教育研究・教師教育研究においては当然のこととして受け入れられてきた。しかしながら，ARは個々の教育実践の部分と全体のイメージを往還しながら教育実践の全体性を見失うことなく実践を「生きたままで」改善する研究方法であり，そういう意味で伝統的実証主義とは認識論的に大きく異なる方法論であるといえる。

心理学の世界では，20世紀初頭にヨーロッパでこのように事象の全体性を重視したゲシュタルト主義の考え方と要素還元主義の流れが対立し，その後分岐することとなったのであるが，世界の教育研究・教師教育研究は要素還元主義の流れを受けるアメリカの心理学の影響を大きく受けており，この問題は今まであまり活発に議論されてはこなかった。しかしながら，ドイツでゲシュタルト・ムーブメントの一躍を担ったレヴィン（Lewin, K.）が提唱したARが教師教育の世界で注目されると同時に，伝統的実証主義的な認識論についてもさまざまな議論が沸き起こっており，それに呼応してこれからの教師教育も世界的なレベルで大きく変わっていくことが予想される。そういう意味でこれから教育研究・教師教育研究は非常に興味深い時代に入っていくと思われる。

（3）教育ARの社会・文化的次元

以上に述べたように，ARと伝統的実証主義の教育実践についての認識論的な違いは教師教育の捉え方に大きな違いを与えることとなるのであるが，ここでもう一点だけ大切なポイントをつけ加えたいと思う。先にも述べたように，ARは当初はレヴィン（Lewin, 1946）によって「社会的アクションに関する研究」として提唱された。ARがいろいろな意味で社会的アクションを志向していることは，『*Action Research*』や『*Educational Action Research*』などのようなARに関する学術誌に掲載される論文の傾向をみても明らかである。ではARが「社会的」であるということはどういうことであろうか。ARが全体性を大切にするホリスティックな方法論であることは先にも述べたとおりであるが，そのことを考えると一つの授業・学習活動を成立するためにはそこにすでに「社会的」な要因が根源的に存在していると考えられる。たとえば，教科書やカリキュラムで何をどのようにカバーするのかという社会的な取り決めや，生徒の家族の社会経済的地位（SES）の影響，そして教師と児童生徒の関係性や児童生徒からみた教師・学校のイメージなど，さまざまな社会的ダイナミックスが相互にからみあうことで個々の教育実践が成立していることは否みようのない事実である。すなわち，そのような教育の「社会性」を考えずに教育研究・教師教育を行うことは，まさに「木を見て森を見ない」過ちであるということとなる（Lather, 1991）。ARが根源的に社会性を持つということは，ARが対象となる実践の全体性を大切にする研究方法である以上（あるいはある特定の要因に焦点をあてて他の要因を意図的に除外するような研究方法ではない以上），これは非常に重要なポイントである。

欧米ではARは社会的なアクティビズムと結びつくことが多く，教育におけるARが貧困コミュニティでの教育の改善をめざして行われたり，社会のさまざまな格差や社会的歪みを是正し社会的正義を実現することを目的としたりして行われることが多い（Griffiths, 2003；佐藤ほか，2004）。実際に教育においても教育実践の改善をめざすとどうしてもその基盤となっている経済格差や民族間の不平等のような社会的条件の改善を志向せざるをえないことから，そのように弱者のパワーを回復するためのエンパワーメントをめざすアクティビズム的なARがARの分野において大きな流れとなっていることは当然のことといえよう。しかしながら，同時にそのようなARが一方的な政治的意見の押し付けの場やエゴイスティックな自己実現の道具とならないようにも気をつけなければならず，そのことに関するリフレクションもさまざまな形でARの分野ではなされてきた。ARの全体性は社会のあり方を問うと同時に自らのあり方についてもリフレクションを行い，自らが変容していくことも大切にすることから，一方的に他者を変革しようとする試みはAR的ではないともいえる。この問題を乗り越えるためのさまざまな取り組みはされてきているものの，これは今日のAR研究にとっての大きな課題の一つであるともいえる。

さてARにおいて社会的な次元が重要な位置を占めていることは以上のとおりであるが，この考え方をさらに押し進めると，ARには「文化的」な次元も重要な位置を占めているということができる。ある社会における実践は，その実践が生起した文化に埋め込まれた活動であるということは社会構成主義者たちによってさまざまな形で明らかにされてきており，そういう意味ですべてのARにおける活動は文化的ルーツを持っていると考えることができる。たとえば欧米におけるアクティビズム的ARは欧米の人権主義やリベラリズムのような文化的価値観に根付いているがゆえに広がりを見せ，ARのダイアローグはその色合いを強く見せるとも考えることができる。それと同様に日本におけるARは日本の社会・文化的な次元に大きく影響されていると考えられるのである。

ではこれらのARの社会的・文化的性質を鑑みると，日本における教育研究・教師教育をどのように捉えることができるであろうか。ARというレンズを通して見るとどのようなことが見えてくるであろうか。以下のセクションでは日本の授業研究を例にとって，日本における教師教育・教育研究のあり方について考察する。

（4）日本の授業研究のAR的・非AR的要素

日本の授業研究は英語ではLesson Studyと呼ばれ，教師の成長を促す教師教育の手法として海外から大きな注目を浴びてきた。米国のルイスほか（Lewis et al., 2009）は授業研究を教師のリフレクションを含むARの一種として教師が自らの教育実践について行う回帰的仮説検定であると概念化し，教師のスキルアップのためにLesson Studyを展開する必要性を説いている。では実際日本の授業研究はAR的に見るとどのように捉えられるであろうか。ここでは先に述べた日本の授業研究の社会的・文化的な観点をもとにして考えてみる。

まず日本の授業研究をホリスティックにみると，それは学校単位で校長・副校長・教頭・教職員集団が行う教科指導や生徒指導などに関する校内研修が基盤にあり，それに基づいて学校全体で日常の授業の改善に取り組むことこそが授業研究の根底にあると考えられる（詳しくは本書の第7章を参照されたい)。さらに，日本という文化コンテクストでは学校・学年目標として知・徳・体の全人格的な発達をめざす傾向があり，欧米のように知的発達や学習成果のみに焦点化した取り組みは稀である。すなわち日本の授業研究は，その母体である校内研修のレベルからさらにフォーマルな公開授業研究のレベルまで，全人格発達や社会的学習集団の形成という文化的に共有された人間教育的な価値体系を基盤として成立していると考えられる。つまり，日本の授業研究はそのような教育目標を教師集団が共有し，そこから個々の教師が授業研究の成果を日常の授業で発揮するという文化的想定のもとに成立していると考えることができる。そういう意味において，日本の授業研究は個々の授業の技術的な改善という次元を超えた非常にホリスティックなスコープを持つ日本というコンテクストに根ざしたARであるということができる。

しかしながら，もし授業研究を行う教師が教師集団における教育目標を形成する議論に主体的に参加せず，またその意義を自分のものにすることなく授業研究を行うとすれば，授業研究のAR的な性質はみごとに崩れ去ることとなる。上に述べたように，ARにおいてはそれぞれの実践者が個々の願いや思いを基にしてニーズ・アセスメントを行い，そこから主体的にアクションを計画・実施し，リフレクションによって新しい学びを得ることが大切なのであるが，そのことを考えるとたんに学校や先輩教師からやれと言われてやっているだけの取り組みや，あるいは上から押し付けられた教育方法を試みるだけのような取り組みはきわめて非AR的であるということができる。すなわち，AR的に見ると参加する教師が主体的に参加しない形で授業研究が進む場合，またその取り組みが教師の主体性・自律性を抑制する方向に機能するならば，それは非常に非AR的であるということができる。また，生徒の家庭環境や経済格差から生じる問題や，外国籍生徒のサポートやエンパワーメントなど過去の日本社会ではあまり問題とならなかった今日の社会の大切な課題に直結した問題に注意を払うことなしに（あるいはそれが存在しないようなふりをして）授業研究を行うことも非AR的であるということができる。

このことはARという光を当てることで日本の授業研究についての光と影が浮かび上がり，そこから日本の授業研究がさらに発展していくことの可能性を示している。そして，このことは日本の授業研究だけに限らず，ある特定の文化コンテクストで行われている教育研究・教師成長のための取り組みがAR的であるかそうでないかということを考えることで，その文化に埋め込まれていた実践の光と影が浮かび上がることも示している。その意味においてARはますます複雑性を増し，グローバル化が進む社会・教育の発展にとって新たな触媒効果を与えることのできる教育研究・教師成長の方法論であると考えることができる。

4　人間教育のパラダイムとしてのAR

（1）人間教育のパラダイム

以上ARについてさまざまな角度から論じてきたが，これからの日本というコンテクストにおいてARが新しい教師教育，そして人間教育の方法論として新しいパラダイムとなる可能性は大きいのではないかと思われる。人間教育においては教師は児童生徒の主体性を大切にしながら，同時に児童生徒の全人格的な成長・成熟をめざしていく。これを実現するためには，今までのように狭い意味での認知発達や学習パフォーマンスに焦点を絞った伝統的実証主義研究を積み重ねるだけでは不可能と考えられ，そういう意味でもARは人間教育を教育実践の現場で実現していくための大切な方法論と考えることができる。教育の分野では今まで行動主義，情報処理アプローチ，社会構成主義や批判的教育学のようなさまざまなパラダイムが生まれ交錯してきたが，ARは今までのパラダイムのように一般的な教育についての真理を示す理論的フレームワークではなく，個々のコンテクストで持続的に教育実践を改善させていくための方法論的フレームワークである。また，教師が児童・生徒の人間的な成長・成熟をめざすために自らの教師としてのあり方を振り返り，実践の現場で他の実践者の対話を繰り返す中で人間的にも成長していくことをめざす方法論であり，そういう意味でも他の教育研究の方法論とは一線を画すものであるといえる。

もちろんARの中でアクション・リサーチャーは今までの理論的フレームワークを参考にしながら自らの実践のアプローチを工夫はするが，アクション・リサーチャーにとってはどの理論的フレームワークが優れているかということはあまり大切ではなく，それよりもいかにして実践のコンテクストの中で自らの実践を改善するか，そしてその中で教師としての成長を遂げていくかというプロセスこそが最も重要な課題となるのである。そこでは教師が研究の中の「主人公」として自らの実践を改善していくために，自らの実践の中で自らの判断に基づいて研究を行い，同時に児童生徒の全人格的な成長，エンパワーメントをめざしていくという点で抑圧的な伝統的実証主義アプローチとはまったく異なるのである。

このようにARにおいて最も大切なのは教師の主体的な実践改善のプロセスであり，いかにARのプロセスがそのコンテクストにおける教師の主体的・人間的成長を促し，それがその教師による教育実践における人間教育の実現に向かうかということがARの最もAR的な次元であるとも言えよう。そういう意味で，ARは今までとはまったく異なった種類の教育実践の改善のためのパラダイムなのである。

（2）アクション・リサーチャーを育てるために

では以上のようなARを行うことのできるアクション・リサーチャーを育てるためにはどのようにすればいいのであろうか。欧米の大学における教員養成プログラムにおいてはARが卒業研究として必須となっていることは昨今珍しくないことである。このような教員養成プログラムにおいてはプログラムとしての一貫性を保つためにARの方法論についてのコースを必須としたり，それ以外のコースにおいてもミニARが課題として課されることもよく見かけられる。最近になって，このような動きが顕著なのはそれまでの教員養成プログラムにおいて理論と実践のギャップを問題として意識しながらも伝統的実証主義的な観点で教師教育を行ってきたことの反省からきた動きであると考えられ，ある意味で欧米の教育界においては静かなパラダイム・シフトが起こっているとも考えられる。

これらのプログラムにおいては，教師あるいは教師の卵たちが自らの教育実践の改善を試みる中で探究マインドを養い，そこから持続的に教育実践の改善を行うことができるようになることをめざしており，そのために AR がその屋台骨的な役割を果たしているのである。教師や教師の卵たちが真に主体的にそのような AR を行っているかということについてはさらに研究の余地があるところであるが，いろいろな意味でよい教師＝アクション・リサーチャー，という図式のもとでのパラダイム・シフトが着実に起こっているように思われる。

では日本というコンテクストにおいて，上に述べたような形でアクション・リサーチャーをどのように育てればよいであろうか。日本の大学における教員養成の場は，現場での学びを重視する教職大学院のような形に移行していくような傾向がみられるが，それらのプログラムにおける屋台骨となるパラダイムや理論的・方法論的フレームワークについての議論はどのようなものであるだろうか。今後の教師教育・教育研究のあり方を考える上で，日本の大学における教員養成プログラムだけではなく地域・学校における授業研究の取り組みまで，これから教え手の主体的な探究マインドを育てるための方法論について，以上に述べたようなクリティカルな議論を行うことは非常に大切なことであると思われる。そういう意味において AR はこれからの日本の教師教育・教師教育研究にとって数々の有用な視点を与えると同時に，革新的な変化をもたらすことのできる方法論であるといえよう。

さらに学びたい人のための図書

ストリンガー，E. T.／目黒輝美・磯部卓三訳（2012）『アクション・リサーチ』フィリア。

▶海外で有名なアクション・リサーチの入門書の日本語訳である。アクション・リサーチの計画から実施，データ収集・分析・報告書の作成に至るプロセスを実践者の視点を意識して分かりやすく解説されている。

Inoue, N. (2015) *Beyond actions: Psychology of action research for mindful educational improvement*, New York: Peter Lang Publishing.

▶アクション・リサーチにおける意思決定や学びのプロセスを深掘りしたテキスト。邦訳はまだだが，アクション・リサーチにおける教師の成長プロセスとその哲学的・方法論的基盤に興味がある読者にお勧めである。

引用・参考文献

小柳和喜雄（2004）「教師の成長と教員養成におけるアクション・リサーチの潜在力に関する研究」奈良教育大学教育学部附属『教育実践総合センター研究紀要』13，83-92。

佐藤一子・森本扶案・新藤浩伸・北田佳子・丸山啓史（2004）「アクション・リサーチと教育研究」『東京大学大学院教育学研究科紀要』第44巻，321-347。

Argyris, C. (1976) "Single-loop and double-loop models in research on decision making", *Administrative Science Quarterly*, 21, 363-375.

Callier, S. & Lattimer, H. eds. (2005) *Surviving and Thriving with Teacher Action Research: Reflections and Advice from the Field*, New York: Peter Lang Publications.

Darling-Hammond, L. (2010) "Teacher education and the American future", *Journal of Teacher Education*, 61, 35-47.

Griffiths, M. (2003) *Action for social justice in education: Fairly different*, Philadelphia, PA: Open University Press.

Inoue, N. (2012) *Mirrors of the mind: An introduction of mindful ways of thinking education*, New York: Peter Lang Publishing.

Inoue, N. (2015) *Beyond actions: Psychology of action research for mindful educational improvement*, New York: Peter Lang Publishing.

Lather, P. (1991) *Getting smart: Feminism research and pedagogy with/in the postmodern*, New York: Routledge.

Lewin, K. (1946) "Action research and minority problems", *Journal of Social Issues*, 2, 434-446.

Lewis, C., Perry, R., & Friedkin, S. (2009) "Lesson study as action research", In S. Noffke & B. Somekh eds., *The Sage handbook of educational action research*, Thousand Oaks, CA: Sage, pp. 142-154.

Mills, G. E. (2011) *Action research: A guide for the teacher researcher* (4th edition), New

York: Pearson.

Nonaka, I. & Takeuchi, H. (1995) *The knowledge-creating company: How Japanese companies create the dynamics of innovation*, New York: Oxford University Press.

Robertson, J. (2000) "The three Rs of action research methodology: Reciprocity, reflexivity and reflection-on-reality", *Educational Action Research*, 8, 307-326.

Sagor, R. (2005) *Guiding School Improvement with Action Research*, Alexandria, VA: Association for Supervision and Curriculum Development.

Stringer, E. T. (2008) *Action research in education* (2nd ed.), New Jersey: Pearson.

Torbert, B. (2004) *Action inquiry: The secret of timely and transforming leadership*, San Francisco, CA: Berrett-Koehler.

Whitehead, J. & McNiff, J. (2006) *Action research: Living theory*, Thousand Oaks, CA: Sage.

エピローグ

師道を追究する教師であるために

浅田　匡

人間教育を実現する教師の専門性とその専門性を教育する教師教育とはどういう教育でなければならないのか，そのことを改めて考え直そうとしたアンソロジーが本書であると捉えられる。すなわち，教師の専門性をめぐる論考と専門性を育てる教師教育のあり方である。

（1）教師の専門性

「教師の専門性とは何か？」と問われると，それを明確に示すことは難しい。それは，教師の専門性が一つ一つの授業という具体的で固有の状況において発揮されるからであり，その状況に応じた判断と行動に教師の専門性は現れるからである。このような教師の専門性に対して，「反省的実践家」という新しい教師像が問題とされるようになった。それは，学級をうまく経営する能力と知識，教材内容に関する知識とそれを教えるための指導法に関する知識・能力というように熟練教師が有する知識や能力を教師の専門性の基準とするということではなく，教師自身が自らの授業実践から学び，新しい知識や能力を獲得していくこと，その結果として熟練教師が有するような知識や能力を獲得するということである。さらに，新たな状況においてその状況の問題に対処していくことができる知識や能力を身につけるということであり，波多野と稲垣（Hatano & Inagaki, 1984）の主張した適応的熟達化を進めていくことができることが教師の専門性の重要な部分と捉えることができる。

（2）教師はどのように熟達していくのか

教師の専門性が適応的熟達化を進めていくことだとすれば，どのように教師はそのことを進めているのだろうか。教師である（being a teacher）ために，教育実習，そして初任者研修，校内研修，メンター制度などが重要な役割を果たしている。それらに共通していることは，一人一人の教師が実践者として自らの授業から学ぶ際に他者からの支援を受けたり，ピア学習あるいはピア・コーチングのように他者とともに学んだりしていることである。一人一人の教師が自らの実践のリフレクションを行うとともに，他者からの視点や他者のリフレクションとの比較から具体的な授業状況におけるリフレクションを独善に陥ることなく，間主観的に行えるようになっていく。その経験から，未知の授業状況においても子どもたちにとってより適切な教師としての行動をとることができるようになると考えられる。そして，その実践を通した経験からさらに学ぶ。このようなプロセスが教師の熟達化のプロセスと考えられる。

しかしながら，このプロセスを一人一人の教師がたどることができるためには少なくとも板書の仕方や発問・指示の仕方，あるいは授業場面においてどのような状況を認知するのかという授業に関する知識，指導に関するスキル（教授スキル）に習熟していることが求められる。というのは，授業のさまざまな状況をどのように教師が認知するかが授業のリフレクションを左右し，その授業の認知は一人一人の教師の教授スキルのレベルによって異なるからである。つまり，教師が少なくとも習熟しなければならない教授スキルとは授業に関する知識と統合された教師の実践に関する知であり，その知は授業を認知するフレームとして機能すると捉えられる。

したがって，教師の熟達化のプロセスはリフレクションにより授業に関する知識を生み出していくだけではなく，教師の行為が子どもの学習に機能するということが不可欠である。

（3）師道を追究するとは

このように教師が熟達化していくことは，「学び続ける教師」と捉えることができるかもしれない。問題は「何を」学び続けるのか，ということである。ステンハウス（Stenhouse, 1975）によると，教師は，①高いレベルの教室の能力，②子ども中心（時には教師中心の場合がある），③子どもの理解と子どもを扱うことの高次なスキル，④子どもとの個人的な関係から高い満足を引き出すこと，⑤子どもの行動や到達度における変化を捉えてパフォーマンスを評価すること，⑥短期の実践的な研修コースに参加すること，という限定された専門性に加えて，⑦学校，コミュニティ，社会というより広い文脈の中で仕事を捉えること，⑧広範な専門的な活動（教科に関する委員会，教育センターの活動など）に参加する，⑨理論と実践を結びつけることに関心を持つこと，⑩カリキュラム理論や評価の様式に責任を持って関わること，が求められる。すなわち，確かな授業や教育活動に関わるスキルだけでなく，より広いものの見方や教育に関連するさまざまな活動に関与することが，教師の専門性として求められ，追究していかなければならないということである。教師として学ぶことは限りがないということであろう。それは，すぐれた教師という理想像に到達することは不可能であっても，その目標を追求していくというプロセス自体が大切であることを意味している。それこそが師道ということであり，武士道において剣を媒介として「悟り」という無限遠点に向かう努力の過程と同じく，教えること，あるいは授業を媒介として「すぐれた教師とは何か」「すぐれた授業とは何か」を追究していく過程なのである。その努力の過程において，子どもにとって意味ある授業が実現され，教師も人間的成長をしていくのである。

このように考えてみると，「教えること」を専門とする教師に最も求められることは，「学び」の専門家であること，そしてその学びは子どもとの学び，教師同士の学び，あるいは教育センター等における学校外の他者からの学びなど，一人一人の教師を取り巻く環境によってその学びは成立していることを改めて認識する必要がある（図１参照)。「人が人を教える」という営みは，同時に「人が人から学ぶ」という営みをいつも内包し，それゆえ，教師も子どもも人間的成長が可能になるのではないだろうか。本書では，教師という視点から，教師に求められる専門性とは何か，その専門性を発達させていく，つまり教師

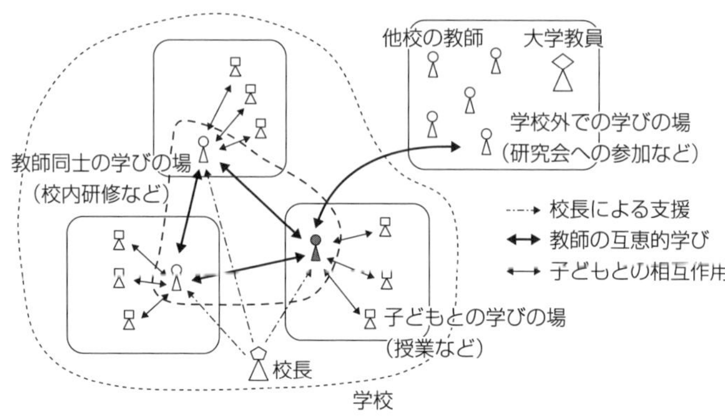

図1　複層的な教師の学びの場

（出所）筆者作成。

の学びはどのように行われ，また教師はさまざまな他者とどのように協働していくのか，について論考している。その鍵となる概念は，教師の仕事と「教える」ということ，ケアリング，リフレクション，校内研修，メンタリングとコーチング，授業研究とアクションリサーチ，教師のリーダーシップ，などであろう。繰り返しになるが，それは教師が学んでいくということを，教師が学ぶ場とその場でのさまざまな他者との相互作用という点からホリスティックに捉えなければ教師を教育するということが実現されないということを意味している。したがって，人間教育における教師教育とは，人間教育における教師の存在の意味を問い直すだけではない。教師自身が「教える」専門家のみならず，人間的にどう成長していくか，を人間教育における教師論は問題とし，人間教育の実現のためにこれからも探究し続けなければならないのである。

引用・参考文献

Hatano, G. & Inagaki, K.（1984）“Two courses of expertise,” *Research and Clinical Center for Child Development Annual Report*, 6, 27-36.

Stenhouse, L.（1975）*An Introduction to Curriculum Research and Development*, Heinemann.

索　引

（人名は末尾にまとめた）

あ　行

か　行

さ　行

た　行

な　行

は　行

ま　行

や　行

ら　行

わ　行

欧　文

人　名

《監修者》

梶田叡一（かじた えいいち）

桃山学院教育大学学長

1941年　島根県生まれ。

京都大学文学部哲学科心理学専攻卒業。文学博士。大阪大学教授，京都大学教授，兵庫教育大学学長などを経て，2018年より現職。中央教育審議会副会長・教育課程部会長などを歴任。

主　著　『〈いのち〉の教育のために』金子書房，2018年。

『自己意識論集（全５巻）』東京書籍，2020年。

浅田　匡（あさだ ただし）

編著者紹介参照。

古川　治（ふるかわ おさむ）

桃山学院教育大学人間教育学部客員教授

1948年　大阪府生まれ。

桃山学院大学社会学部卒業。大阪府立公立学校教員，小学校長，中学校長，箕面市センター所長，甲南大学教職教育センター教授を経て，2019年より現職。

主　著　『ブルームと梶田理論に学ぶ』ミネルヴァ書房，2017年。

『21世紀のカリキュラムと教師教育の研究』ERP，2019年。

《執筆者》（所属，執筆分担，執筆順，＊は編著者）

＊河村美穂（かわむら みほ）（編著者紹介参照，プロローグ・第6章）

油布佐和子（ゆふ さわこ）（早稲田大学大学院教育学研究科，教育・総合科学学術院教授，第1章）

前川幸子（まえかわ ゆきこ）（甲南女子大学看護リハビリテーション学部教授，第2章）

高橋知己（たかはし ともみ）（上越教育大学大学院学校教育研究科教授，第3章）

＊浅田　匡（あさだ ただし）（編著者紹介参照，第4章・第7章・第8章・エピローグ）

中村　駿（なかむら しゅん）（立教大学 大学教育開発・支援センター助教，第4章）

川村　光（かわむら あきら）（関西国際大学教育学部教授，第5章）

前田菜摘（まえだ なつみ）（早稲田大学大学院人間科学研究科博士後期課程，第7章）

井上典之（いのうえ のりゆき）（早稲田大学人間科学学術院教授，第9章）

《編著者》

浅 田　匡（あさだ・ただし）

早稲田大学人間科学学術院教授（第４章・第７章・第８章・エピローグ：執筆）

1958年　生まれ。

1982年　大阪大学人間科学部人間科学科卒業

1985年　大阪大学大学院人間科学研究科博士後期課程教育学専攻退学

大阪大学人間科学部助手，国立教育研究所研究員，神戸大学発達科学部附属人間科学研究センター助教授を経て，

2002年より現職。

主　著　『成長する教師――教師学への誘い』（共編著），金子書房，1998年。

『中等教育ルネッサンス――生徒が育つ・教師が育つ学校づくり』（共編著），学事出版，2003年。

「教師教育からみた教育実践研究の動向」西之園晴夫他編著『教育工学における教育実践研究』ミネルヴァ書房，2012年。

河 村 美 穂（かわむら・みほ）

埼玉大学教育学部教授（プロローグ・第６章：執筆）

1961年　生まれ。

1984年　お茶の水女子大学家政学部卒業

1986年　お茶の水女子大学大学院家政学研究科修士課程食物学専攻修了

2002年　早稲田大学大学院教育学研究科修士課程学校教育専攻修了

2011年　早稲田大学大学院教育学研究科博士課程修了　博士（教育学）

東京都立高等学校教諭，埼玉大学教育学部助教授・准教授を経て，

2011年より現職。

主　著　『家庭科における調理技能の教育――その位置づけと教育的意義』勁草書房，2013年。

『市民社会をひらく家庭科』（共著），ドメス出版，2015年。

『新版 授業力 UP ――家庭科の授業』（共著），日本標準，2018年。

シリーズ・人間教育の探究⑤
教師の学習と成長
──人間教育を実現する教育指導のために──

2021年3月20日　初版第1刷発行　〈検印省略〉

定価はカバーに
表示しています

監修者　梶田叡一
　　　　浅田匡
　　　　古川治
編著者　浅田匡
　　　　河村美穂
発行者　杉田啓三
印刷者　田中雅博

発行所　株式会社　ミネルヴァ書房
607-8494　京都市山科区日ノ岡堤谷町1
電話代表　(075)581-5191
振替口座　01020-0-8076

創栄図書印刷・新生製本

ISBN978-4-623-08847-8
Printed in Japan